Le Grand Secret

de nos partis politique

Jacques Girardot

Le Grand Secret

de nos partis politiques

A l'Attention de :
Mesdames et Messieurs les députés
Mesdames et Messieurs les sénateurs
de la République française

Edition : BoD - Books on Demand
12/14 rond-point des Champs Elysées
75008 Paris
Imprimé par BoD – Books on Demand, Norderstedt
ISBN : 978-2-3220-03128-3
Dépôt légal : Avril 2013

A ma sœur,

A mes amis,

Au peuple français.

« Puisque tout recommence toujours, ce que j'ai fait sera, tôt ou tard, une source d'ardeurs nouvelles après que j'aurai disparu. »

Charles de Gaulle

INTRODUCTION

Ce livre a pour objectif de vous apporter une vision nouvelle sur nos partis politiques français. J'ai essayé d'être le plus clair et le plus concis possible tout en vous apportant suffisamment d'éléments pour vous permettre de vous forger votre propre opinion.

Il s'agit de démonstrations s'appuyant sur des observations du présent et du passé. Je n'apporte pas de postulat comme d'autres théories politiques pourraient le faire. Les chapitres traitent de sujets divers qui sont le fruit de réflexions sur notre société et sur la nature humaine. Il n'y a pas forcément de liens entre eux.

Le but n'est pas de vous apporter un traité complet sur chaque sujet, mais juste de lancer les débats. Je n'ai pas voulu faire un ouvrage de 500 pages qui aurait rebuté certains lecteurs.

Vous trouverez à la fin de ce livre des textes essentiels : la constitution française de 1958, la déclaration des droits de l'homme et du citoyen de 1789, la déclaration universelle des droits de l'homme de 1948. Il m'a semblé important de diffuser ces documents sur lesquels s'appuie notre société. J'y fais référence à plusieurs reprises le long de ce livre.

Mais je vous laisse maintenant découvrir l'univers impitoyable de nos partis politiques et le peu de considération qu'ils apportent aux citoyens que nous sommes.

Bonne lecture.

LES DROITS DE L'HOMME

Les droits de l'homme ne sont plus respectés en France et cela est la cause première de notre crise actuelle. Vous allez penser que je suis fou pour accuser le pays qui se dit à leur origine de ne pas les respecter. Alors lisez la suite et vous comprendrez que nous ne voyons pas toujours la poutre que nous avons dans l'œil.

Les droits de l'homme sont les piliers d'une société qui se veut humaine. Si l'un d'eux n'est pas respecté alors la société s'effondre et l'autoritarisme s'instaure. Ils sont nécessaires et suffisants.

Depuis plusieurs siècles, l'homme cherche à définir ses droits fondamentaux. Aujourd'hui il y est parvenu à travers la déclaration universelle des droits de l'homme de 1948 rédigée et approuvée par un grand nombre de Nations. Celle-ci a été reprise par l'union européenne pour en faire une loi commune applicable dans chaque pays de l'Union.

La France n'est donc pas la seule Nation à l'origine des droits de l'homme. La déclaration de 1789, n'est en fait qu'une reprise incomplète d'un certains nombre de droits fondamentaux. Cette déclaration est surtout là pour appuyer la souveraineté de la Nation que l'on pourrait appeler aujourd'hui l'Etat.

En France, la convention européenne des droits de l'homme a une valeur juridique supérieure à celle de nos lois par l'article 55 de la constitution française de 1958 qui précise :

« Les traités ou accords régulièrement ratifiés ou approuvés ont, dès leur publication, une autorité supérieure à celle des lois, sous réserve, pour chaque accord ou traité, de son application par l'autre partie. ».

Le garant de l'application de cet article est le président de la République suivant l'article 5 de la Constitution de 1958.

« Le Président de la République veille au respect de la Constitution. Il assure, par son arbitrage, le fonctionnement régulier des pouvoirs publics ainsi que la continuité de l'État.
Il est le garant de l'indépendance nationale, de l'intégrité du territoire et du respect des traités »

Donc, jusque là, il n'y a pas de problème. L'obligation d'appliquer les droits de l'homme en France est bien prise en compte dans notre constitution. Le Président de la République est là pour y veiller. Donc nous pouvons dormir tranquille.

Malheureusement, en réalité, il n'en est rien.

LES DROITS DE L'HOMME DANS LE MONDE DU TRAVAIL

L'article 6 de la convention européenne des droits de l'homme établit le droit à un procès équitable, comme suit :

« Toute personne a droit à ce que sa cause soit entendue équitablement, publiquement et dans un délai raisonnable, par un tribunal indépendant et impartial, établi par la loi, qui décidera, soit des contestations sur ses droits et obligations de caractère civil, soit du bien-fondé de toute accusation en matière pénale dirigée contre elle... ».

Pour ceux qui ne connaissent pas bien le langage juridique, le civil concerne tous les litiges entre deux ou plusieurs personnes au sens large (individus, entreprises, administrations) et le pénal concerne les litiges où la Nation se sent dommageable (contraventions, délits, crimes).

Donc, si nous sommes accusés de quoi que ce soit et que la loi, ou un contrat, prévoit une sanction pour cela, alors nous devons avoir la possibilité de nous défendre devant un tribunal indépendant, impartial et prévu par la loi qui déterminera la vérité et statuera sur une sanction ou une relaxe.

En France, ce principe n'est pas toujours appliqué notamment en ce qui concerne le licenciement pour faute bien que celui-ci rentre bien dans le cadre du paragraphe précédent.

En effet, la loi prévoit que si un employeur accuse un de ses employés d'avoir commis une faute passible de licenciement, alors l'employé est entendu par son employeur qui détermine, à l'issue de l'entretien, la sanction. C'est donc un jugement où le tribunal est juge et partie. Dans la fonction publique, l'employé est écouté par une commission paritaire présidée par l'employeur. Donc, cela revient au même.

Ce processus est contraire à l'article 6 mentionné ci-dessus. Nous sommes donc dans un cas où la loi française est en contradiction totale avec la convention européenne des droits de l'homme.

Certains diront que les Prud'hommes ou les tribunaux administratifs sont là justement pour permettre à l'employé de faire valoir son droit à un procès équitable. Mais, cela n'est pas vrai. En effet, les Prud'hommes ne sont accessibles que si la personne a été licenciée et pas avant. Donc, la condition pour prétendre faire valoir son droit à un procès équitable est d'avoir été préalablement jugé et sanctionné par un tribunal juge et partie et d'en subir les conséquences qui, bien souvent, sont dramatiques moralement et financièrement.

Cela n'est pas acceptable car les droits de l'homme sont, par définition, accordés sans aucune condition préalable. Ceux-ci doivent être offerts du moment que la nécessité apparaît et, dans ce cas, dès que l'employeur accuse l'employé. Donc les Prud'hommes ne peuvent aucunement apporter une réponse recevable au respect de l'article 6 de la convention européenne des droits de l'homme, pour un licenciement pour faute.

Afin que vous appréhendiez d'avantage cette situation, changeons de contexte et prenons l'exemple d'un contrat de location pour un logement.

Si le locataire ne paie pas son loyer ou détériore le bien qu'il occupe, alors la loi prévoit qu'il soit jugé au tribunal d'instance.   Donc, le droit à un procès équitable est bien accordé au locataire, même si sa culpabilité est évidente. Dans ce cas, la sanction peut aller jusqu'à l'expulsion.

L'expulsion est une sanction équivalente au licenciement. Dans les deux cas les parties sont liées par un contrat prévu par la loi. Alors pourquoi, dans le monde du travail, la personne accusée n'a-t-elle pas la possibilité d'avoir un procès équitable, alors que dans le monde de l'immobilier un locataire fautif l'a ? Posez vous cette question et vous verrez que le licenciement pour faute, tel que prévu par la loi, est bien une entrave aux droits de l'homme.

Certains diront que le licenciement pour faute tel que nous le connaissons aujourd'hui a toujours été ainsi et que cela n'a jamais été contesté. Eh bien cela est faux. La loi qui a ajouté au code du travail la procédure de licenciement pour faute date de 1973. Il s'agit de la loi 73-680 du 13 juillet 1973. Avant cette loi, à défaut de précision sur les modalités de rupture d'un contrat, il était du ressort des Prud'hommes de juger si la faute reprochée était avérée et de décider de la sanction. Exactement comme pour le contrat de location immobilière mentionné ci-dessus.

Cependant, à l'époque, les licenciements pour faute étaient extrêmement rares car la France connaissait une croissance formidable et vivait le plein emploi. Les entreprises cherchaient plus à retenir leurs salariés qu'à les faire partir en les accusant de fautes bidon.

La procédure de licenciement actuelle a des conséquences dramatiques. Plus de 75% des cas contestés aux Prud'hommes sont jugés abusifs et ils ne représentent qu'une petite partie de la réalité, les Prud'hommes n'étant que très rarement saisis. En effet, les délais des procédures et les honoraires souvent très élevés des avocats sont dissuasifs pour beaucoup. L'aide juridictionnelle n'est accordée qu'aux très bas revenus inférieurs 929 euros par mois pour une aide totale et 1393 euros par mois pour une aide partielle. La majorité des gens préfère donc tourner la page et se consacrer à la recherche d'un emploi. Cela fait d'ailleurs la grande satisfaction de leurs anciens patrons.

Ainsi, énormément de Français souffrent de cette injustice surtout en cette période dite de crise. Cette souffrance ne touche pas uniquement ceux qui ont été licenciés abusivement mais aussi tous les employés qui ont conscience que leur patron peut les éjecter à tout moment pour n'importe quel motif. Cela se traduit par des suicides, des dépressions, des couples qui se déchirent et des enfants qui souffrent de la détresse de leurs parents, ….

RECHERCHE DES CAUSES POSSIBLES

Tout ce que nous venons de voir précédemment est parfaitement connu des différents acteurs qui contribuent ou ont contribué à élaborer et à entretenir le processus de licenciement que nous venons de voir.

Voici les personnes concernées :

- Les avocats qui défendent les victimes ;
- Les syndicats qui défendent les employés et qui sont consultés lors de l'élaboration des lois relatives au travail ;
- Les entreprises qui pratiquent les licenciements ;
- Les partis politiques dont le devoir est de dénoncer les abus du gouvernement ;
- Le parlement qui établit les lois ;
- Le président de la République ;
- Le gouvernement qui propose les lois au parlement ;
- La justice qui est là pour faire appliquer la loi.

Nous allons essayer de comprendre pourquoi tous ces intervenants ne disent rien et laissent faire. Dans un premier temps, nous regarderons quels sont les intérêts individuels de chacun, puis, si cela ne suffit pas, nous irons un peu plus loin dans nos investigations.

Les avocats

Les premiers susceptibles de plaider le non respect des droits de l'homme et la violation de la constitution, sont les avocats. En effet, ils ont pour mission de défendre les intérêts de leurs clients avant tout. Mais, un procès aux Prud'hommes rapporte au minimum

2000 euros à l'avocat si le jugement est en faveur de son client. Ce chiffre peut même prendre des proportions beaucoup plus importantes dans certains cas. Donc, défendre un client licencié de façon abusive est extrêmement lucratif.

Si les licenciements étaient prononcés par un tribunal indépendant, alors il est fort probable que le nombre de plaintes aux Prud'hommes chuterait fortement et cela représenterait un manque à gagner très important pour bon nombre d'avocats. Alors, systématiquement, au lieu de défendre les droits de l'homme, ces derniers orientent la défense de leurs clients vers une contestation des motifs de leur licenciement. Ainsi, on ne parle pas du sujet et les affaires continuent à tourner.

Les syndicats

Les syndicats pourraient également revendiquer les droits de l'homme. Mais que se passerait-il si ces derniers étaient imposés par l'Etat dans les entreprises ? Le syndicalisme disparaîtrait ou s'affaiblirait car il n'aurait plus vraiment de raison d'être. Cela me semble un bon prétexte pour ne rien dire.

Au moment de l'élaboration de la loi 73-680 du 13 juillet 1973 relative au processus de rupture du contrat de travail et supprimant le droit à un procès équitable aux employés, nous n'avons pas entendu de revendications fortes des syndicats. Cependant, le sujet méritait, plus que jamais, que ces derniers se battent et fassent preuve d'inflexibilité. Il ne s'agissait pas de défendre des salaires ou des conditions de travail mais de défendre un droit fondamental et la dignité des salariés. Avec cette loi le code du travail a fait un bond en arrière très important.

Les entreprises

Les entreprises, quant à elles, ne disent rien. Mais là, nous les comprenons parfaitement. Pouvoir licencier à leur guise et à moindre coût est très intéressant.

Cela a plusieurs avantages :
Il n'y a plus besoin de négocier un départ, il suffit juste de trouver une faute bidon à reprocher au salarié et l'affaire est réglée. Economiquement, cela est très rentable, même si l'entreprise doit essuyer quelques pertes aux Prud'hommes.

Comme nous l'avons déjà vu, peu de personnes poursuivent leurs employeurs en justice. Par ailleurs, un bon dossier, avec des témoignages calomnieux d'anciens collègues peux scrupuleux et ne souhaitant pas perdre leur emploi, ne laisse que très peu de chance à la personne licenciée pour gagner son procès.

Cette facilité pour licencier permet également à l'employeur de mettre la pression sur ses employés et de leur demander plus, sans forcément les payer d'avantage.

Licencier rapidement et à tout moment permet également d'ajuster la capacité en période creuse et de faire ainsi plus de bénéfices.

Pour les entreprises cotées en bourse, la baisse de la masse salariale a un effet très bénéfique sur le cours de l'action. Les sommes ici en jeu sont très importantes et justifient à elles seules une telle pratique.

Ainsi, la loi de 1973 profite aux entreprises et surtout aux actionnaires des grandes sociétés cotées en bourse.

Les partis politiques

Aucun parti politique ne dénonce le problème. Or tous prônent les droits de l'homme.
Leur comportement n'est donc pas cohérent. Cependant, en apparence, aucun parti politique ne tire un quelconque profit des licenciements pour faute.

Les parlementaires

Le parlement a élaboré et voté la loi de 1973. Il est donc parfaitement conscient de la situation, mais, comme les partis politiques, les parlementaires ne tirent aucun profit direct de ce dispositif.

Le président de la République

Le président de la République est le garant des droits de l'homme et du respect de la constitution. Mais, là encore, il ne tire aucun profit direct des licenciements pour faute.

Le gouvernement

Le gouvernement propose les lois au parlement. Comme les autres, il est conscient de la situation, mais il n'en tire aucun avantage.

La justice

Normalement, la justice est indépendante. Cependant, elle ne juge que les litiges qui lui sont soumis et, jusqu'à présent, personne n'a accusé une entreprise de ne pas avoir respecté les droits de l'homme en appliquant la procédure de licenciement pour faute prévue par la loi. Les avocats font en sorte que cela ne se produise pas.

Cependant, que se passerait-il si le cas se présentait? C'est la démarche que j'ai entreprise. Je viens d'être licencié du ministère de la Défense et j'ai déposé une requête au tribunal administratif de Paris pour non-respect des droits de l'homme dans le cadre de la procédure de mon licenciement. En première instance, le juge a fait mine de ne pas comprendre et a rejeté directement ma plainte. J'ai donc saisi le Conseil d'Etat, comme le propose la loi. Si ce dernier confirme le rejet, alors, je saisirai la cour européenne des droits de l'homme.

Mais avant d'envisager l'avenir, nous pouvons d'ores et déjà constater que ma requête n'a pas reçu l'accueil escompté. Donc, la justice, en première instance, soutient le processus. Cependant les magistrats n'en tirent aucun avantage.

Il est apparaît donc que les premiers bénéficiaires du licenciement pour faute en France sont les actionnaires des grandes entreprises françaises.

Certes, les avocats et les syndicats profitent de la situation, mais cela n'est rien en comparaison des profits réalisés par les actionnaires. De plus, il serait difficile de comprendre le comportement des partis politiques, des parlementaires, du gouvernement, du président de la République et de la justice si cela n'était uniquement pour que les avocats vivent mieux et que les syndicats puissent avoir des sujets de revendication.

Il y a donc un consensus entre toutes les parties pour soutenir les actionnaires des grandes entreprises françaises.

Conclusion

- Ce sont les actionnaires des grandes entreprises françaises qui imposent leurs lois à l'Etat.

- Les partis politiques ne sont plus indépendants car ils agissent ensembles pour soutenir une cause contraire à leurs idéaux.

QUI DIRIGE LA FRANCE ?

Nos avons vu que c'étaient les actionnaires de nos grandes entreprises qui visiblement avaient le pouvoir en France. Mais qui sont-ils en réalité ?

Il est évident qu'ils appartiennent aux grandes puissances financières françaises et étrangères. Mais celles-ci sont nombreuses. Il est donc difficile d'imaginer qu'elles puissent toutes s'accorder pour donner des instructions précises au gouvernement français. Dans le monde de la finance internationale, il n'y a pas de chef, chacun défend ses propres intérêts.

Cependant, le gouvernement américain a toujours soutenu, par patriotisme, les grandes puissances financières de son pays.
Pour y parvenir, il a créé un système financier mondial taillé sur mesure. Mais cela ne s'arrête pas là. Le gouvernement des Etats-Unis agit également en permanence en utilisant tous les moyens dont il dispose : CIA, armée...

Par ailleurs, on constate que la bourse de Paris est totalement dépendante de Wall Street. En effet, le CAC 40 se synchronise immédiatement sur le Dow Jones dès l'ouverture de la bourse de New York. Cela veut dire que nos entreprises cotées en bourse sont détenues en grande partie par des fonds américains.

Donc, visiblement, celui qui pilote la France serait le gouvernement des Etats-Unis, le seul organisme indépendant et suffisamment puissant et qui soutient la majorité des actionnaires de nos grandes entreprises.

N'oublions pas aussi l'histoire. Durant la dernière guerre, les Américains n'avaient pas que de bonnes intentions en venant nous libérer. Dès la libération de la France, il était prévu qu'un gouvernement sous tutelle américaine soit mis en place. Il s'agissait de l'Allied Military Government of Occupied Territories (AMGOT) qui officiellement devait faire l'intérim le temps que le pays s'organise. Mais, en réalité, l'AMGOT avait pour mission officieuse de mettre en place une organisation politique visant à affaiblir notre pays. La France à l'époque était leader dans beaucoup de domaines (scientifiques, techniques et artistiques) et cela faisait de l'ombre aux Etats-Unis.

L'histoire mondiale nous montre que pour affaiblir un pays, il faut :

- L'endetter au maximum.
- Le vider de ses moyens de production.
- Détruire l'enseignement.
- Favoriser une population étrangère afin de casser l'identité du pays.
- Rendre la population soumise.

Donc, vraisemblablement, le plan qui nous était réservé devait ressembler à cela.

Mais, le Général de Gaulle a tout fait pour éviter que cela se produise et, dès la libération, il mit en place son gouvernement, coupant ainsi l'herbe sous le pied des Américains.

Cependant, au regard des sommes déjà investies, il est probable que les Etat-Unis aient continuer à chercher un autre moyen pour mettre en œuvre leur projet.

Donc, les Américains poursuivraient, aujourd'hui, deux objectifs :

- Profiter des entreprises françaises pour enrichir leur puissance financière.

- Affaiblir la France.

COMMENT LES AMERICAINS SE SERAIENT-ILS INVITES AU GOUVERNEMENT ?

Dès la fin de la dernière guerre, les Américains ont investi massivement, à travers la bourse, dans nos grandes entreprises. Cela leur a permis d'être en position de force vis à vis de l'Etat français.

Durant la période où le Général de Gaulle était au pouvoir, il est peu probable que les Etat Unis ait réussit à obtenir une quelconque l'influence sur les décisions de politique interne de la France. Mais on constate que dès sont départ en 1966, les choses ont changé.

Voici quelques exemples d'actions menées par notre gouvernent en faveur des Etats-Unis après le départ du Général de Gaulle.

1969 - Le nucléaire civil
Durant les débuts du nucléaire civil Français, deux technologies s'opposaient. L'une était française : l'UNGG (Uranium Naturel Graphite Gaz), et l'autre américaine : le REP (Réacteur à Eau sous Pression). Le Général de Gaulle, à l'époque, avait naturellement privilégié l'UNGG, sur les recommandations du CEA, et demandé la construction de deux réacteurs de ce type à Fessenheim, tout en continuant la collaboration avec la Belgique sur le REP dans le cadre de la construction de la centrale de Tihange.
Or, le 13 novembre 1969, quelques mois après le départ du Général de Gaulle, Pompidou fit marche arrière, désavoua le CEA, et imposa la technologie

américaine en France. Fessenheim changea donc de technologie pour adopter le REP.

La construction des réacteurs nucléaires fut confiée à la société franco-américaine Framatome, regroupant les sociétés Schneider, Merlin Gerin et Westinghouse, qui disposait du brevet REP. Les groupes turbine-alternateurs furent confiés à la Compagnie Générale d'Électricité, devenue plus tard Alstom.

Framatome changea de nom pour devenir AREVA NP. En 1974 Westinghouse quitta le consortium et revendit son brevet à AREVA. Ainsi, tout le parc nucléaire français fut construit avec la technologie américaine REP.

1973 - Loi sur le licenciement pour faute
En 1973 arriva le premier choc pétrolier et une baisse de la croissance en France était prévisible. Il fallait donc se préparer pour que les entreprises puissent licencier facilement. Ainsi, la loi 73-680 portant sur l'ajout au code du travail de dispositions relatives à la rupture des contrats de travail à durée indéterminé fut votée avec les conséquences attendues que nous avons vues au chapitre « Les droits de l'homme dans le monde du travail ». Il est évident ici que les Etats-Unis sont intervenus auprès de nos dirigeants politiques car ils étaient déjà devenus, à travers la bourse, les plus gros actionnaires de nos grandes entreprises.

1975 - La « French-American Foundation »
En 1976 fut inaugurée par le président de la République Valéry Giscard d'Estaing et son homologue américain Gérald Ford la très puissante fondation « French-American Foundation ». Celle-ci rassemble les plus hauts dirigeants des deux pays et

a pour vocation d'établir des liens informels entre la France et les Etats-Unis.

1981 - La prise de pouvoir

En 1974, un homme fut, de toute évidence, identifié par les Américains pour être le porteur potentiel du plan d'affaiblissement prévu depuis 1945. Il s'agissait de François Mitterrand qui, dès ses débuts en politique, avait la forte ambition de devenir président de la République. La même année, il venait de perdre les élections présidentielles, mais était devenu le leader et le rassembleur de l'opposition de gauche.

De son passé ambigu durant la dernière guerre mondiale, les Américains ont vraisemblablement vu en lui un collaborateur potentiel. L'avenir nous le confirmera.

FRANÇOIS MITTERRAND PRESIDENT DE LA REPUBLIQUE

Nous allons voir ici le rapprochement entre la politique de François Mitterrand et le plan d'affaiblissement de la France que nous avons évoqué aux chapitres précédents. Vous constaterez que rien n'a été oublié.

Endetter la France

Durant ses deux mandats, François Mitterrand imposa une politique de dépenses excessive. Il fit construire la Grande Arche, le ministère des finances, la bibliothèque nationale et l'opéra Bastille. Il est aussi à l'origine de la construction des hôtels de région. Cette liste n'est malheureusement pas exhaustive et beaucoup d'argent fut également dépensé dans bien d'autres domaines.

Cette politique dépensière fut ensuite reprise par tous ses successeurs et la dette de la France, par rapport à son PIB, est devenue supérieure à celle de l'Allemagne qui, sur la même période, a dû se reconstruire presque complètement suite à la chute du mur de Berlin !

A l'heure actuelle, les dépenses se portent sur les logements sociaux, le développement durable, le réchauffement climatique, la construction d'un nouveau ministère de la Défense, le Grand Paris, la guerre au Mali, et j'en passe. L'Etat ne manque pas d'imagination pour dépenser l'argent et endetter la France.

Vider la France de ses moyens de production

La politique de François Mitterrand mit les entreprises en difficulté très rapidement en imposant entre autre

28

la cinquième semaine de congés payés et l'augmentation des charges sociales. Le coût du travail en France est devenu un handicap majeur pour les entreprises françaises qui ont dû décentraliser leur production vers des pays à main-d'œuvre moins onéreuse. Cependant, rien n'a été entrepris, ni par François Mitterrand, ni par ses successeurs, pour éviter cet exode industriel. Bien au contraire, en 2000 la semaine de 35 heures donna encore un fois un coup douloureux.

La France se retrouve maintenant avec un outil de production presque inexistant par rapport à ce qu'il était avant 1981. Les produits « made in France » ont complètement déserté nos magasins. Même les voitures françaises sont composées, aujourd'hui, à plus de 95 % de pièces fabriquées à l'étranger.

Détruire l'enseignement

François Mitterrand s'en est pris, dès son arrivée au pouvoir, à l'enseignement supérieur technique. Il prit pour cible les écoles d'ingénieurs en les privant de moyens d'investissement. En parallèle, il développa les filières destinées au secteur tertiaire, anticipant ainsi la chute de l'industrie française.

L'enseignement primaire et secondaire fut également victime d'une suite de réformes qui se poursuit encore aujourd'hui. Le français, les mathématiques et les sciences ont été délaissés au profit de matières comme le sport, l'art plastique, l'écologie.

Nous constatons également que, depuis cette période, rien n'a été fait pour soutenir les enseignants qui doivent désormais faire face, seuls, à des situations parfois très critiques : classes surchargées, problèmes de discipline …

Tout cela a contribué fortement à diminuer le niveau d'enseignement en France et nous constatons aujourd'hui que nos enfants rencontrent des difficultés importantes en orthographe, en lecture et en mathématiques.

Favoriser une population étrangère afin de casser l'identité du pays

François Mitterrand fut à l'origine de « SOS Racisme ». En effet, il est reconnu maintenant que cette association a été totalement financée à ses débuts par des fonds provenant de l'Elysée. Cela est la raison de son essor quasi immédiat.

Aujourd'hui, « SOS Racisme » est toujours financé très majoritairement par des fonds publics.

On constate maintenant qu'il est devenu difficile de se défendre contre une personne étrangère qui a outrepassé ses droits, sans être accusé, à son tour, de raciste.

Par ailleurs, dès son arrivée au pouvoir, François Mitterrand régularisa toutes les personnes en situation irrégulière. En suite, rien ne fut entrepris pour limiter l'immigration, bien au contraire. la France est devenue une terre d'accueil ouverte à tous.

Rendre la population soumise

François Mitterrand favorisa, dès son arrivée, la création d'associations caritatives et humanitaires en proposant à leurs donateurs des réductions d'impôt qui aujourd'hui représente les deux tiers des dons. Ce manque à gagné pour l'Etat n'est en fait qu'une subvention déguisée qui s'ajoute à celles déjà accordée.

Ainsi, aucune grande association humanitaire ne pourrait exister aujourd'hui sans cette aide de l'état qui représente en moyenne 80% du budget des l'associations.

En développant et en médiatisant fortement ces mouvements, l'Etat en a fait un outil pour faire accepter les étrangers aux Français et leur imposer la générosité et la tolérance afin de les rendre plus dociles. Il a ainsi mis la main sur un domaine charitable et respectable pour en faire une arme de soumission. Nous allons développer plus en détail ce sujet au chapitre « La nature humaine ».

Nous constatons donc que François Mitterrand a bien mis en place un plan d'affaiblissement de notre Pays qui a été repris ensuite par tous ses successeurs, qu'ils soient de droite ou de gauche.

Nous allons découvrir, plus loin dans ce livre, que les Etats Unis ne sont pas les seuls à vouloir que France devienne un pays faible. Nos responsables politiques y ont également un intérêt majeur.

NOS PARTIS POLITIQUES

Pour éviter que les partis politiques ne dénoncent le plan d'affaiblissement évoqué précédemment, le seul moyen était de créer une alliance à haut niveau et de partager le pouvoir. Ainsi, tout le monde est impliqué et ne peut plus rien dire.

On constate que, dès 1981, des ministres communistes sont nommés au gouvernement. Les écologistes prennent également une ampleur sans précédent. L'Etat leur permet de se développer en finançant diverses associations, en imposant l'écologie dans les programmes scolaires.

Seul le FN semble être resté le vilain petit canard, mais pour une bonne raison. Les partisans de l'extrême droite ont toujours fait peur depuis le nazisme. Si le parti politique qui les rassemble s'arrange pour avoir très mauvaise presse alors leur mouvement restera confiné et de taille modérée.

Tout le monde ne partage pas l'ambition de devenir président ou ministre. Certains se contentent d'être à la tête d'un parti politique. C'est le cas de la famille Le Pen. Certes, celle-ci se présente régulièrement aux élections présidentielles, mais, comme tous les autres partis, hormis l'UMP et le PS, sans aucune ambition de les gagner.

Ainsi, le FN est de connivence avec les autres partis politiques et sa mission est d'éviter l'émergence de l'extrême droite en adoptant une attitude polémique, arrogante et parfois violente pour limiter la popularité de son mouvement.

Quant à l'extrême gauche actuelle, peut être que son heure viendra et qu'elle accédera à nouveau au gouvernement, comme l'ont fait les communistes. Pour l'instant, cela ne semble pas l'ambition de son dirigeant qui préfère canaliser les révolutionnaires éventuels pour éviter tous débordements imprévisibles.

Ainsi, l'ensemble des partis politiques n'est qu'une seule et unique organisation. Son apparence sous forme de plusieurs mouvements idéologiques n'est là que donner l'illusion d'une démocratie. Dans cette organisation chacun a son rôle.

Qu'elles sont les personnes vraiment au courant et impliquées parmi l'ensemble de la classe politique ? Il est évident que tout le monde n'est pas informé et que, pour beaucoup de partisans, les partis politiques sont bien indépendants.

Cependant, au niveau des députés, des sénateurs, des responsables des partis politiques, des membres du gouvernement, le Secret est forcément connu. Certains hauts fonctionnaires sont probablement dans le Secret, mais cela n'est pas forcément nécessaire. Dans l'administration on a appris à respecter les ordres quels qu'ils soient et sans les discuter. Aujourd'hui, celui qui veut progresser professionnellement doit se soumettre à cette règle.

Donc, finalement, le Secret est bien gardé et tout risque de fuite est impossible. En effet, les personnes qui en ont connaissance sont toutes impliquées. Si l'une d'elles parle alors cela se retournerait immédiatement contre elles. Les enjeux sont par ailleurs beaucoup trop importants.

Tout ce petit monde nous mène donc en bateau en nous faisant croire en l'indépendance des partis politiques et en la démocratie. Cela n'est pas difficile à produire. Il suffit que chaque parti politique fictif soutienne ses idéaux et contredise systématiquement ses opposants quel que soit le sujet. C'est ce que nous observons tous les jours et que nous trouvons d'ailleurs très lassant. Il suffit de regarder une séance à l'Assemblée Nationale pour comprendre qu'il s'agit d'un grand théâtre. Chacun lit son texte préparé à l'avance. Les réponses aux questions sont également préparées avant la séance. En fait, les députés ou les sénateurs ne sont que des lecteurs de discours dont ils ne sont pas, pour la plupart, les auteurs.

Leur faculté à mentir est remarquable. L'affaire Cahuzac nous l'a montré. Ce sont de très bons acteurs.

LA THEORIE DU COMPLOT : UN VASTE COMPLOT ?

D'après Wikipédia, l'expression « théorie du complot » désigne une interprétation spéculative d'événements suivant un plan concerté et orchestré secrètement par un groupe malveillant. La conspiration secrète civile, criminelle ou politique visée par la théorie du complot agirait dans l'objectif de détenir ou conserver une forme absolue de pouvoir (politique, économique ou religieux).

Ce mouvement mélange politique, sectarisme, économie et mysticisme, de façon à discréditer toute thèse allant dans le sens d'une domination de la France par une puissance étrangère. Il y est fait un amalgame entre complot généralisé, attentats du 11 septembre dont certains disent qu'il s'agit d'une action américaine et non terroriste, existence d'une société secrète dominante dirigeant la planète, Franc-maçonnerie…

Dans mon exposé il n'y a ni religion, ni société secrète, ni Franc-maçonnerie. La seule association dont je parle est la French-American Foundation qui est loin d'être une secte ou une société secrète. Celle-ci a été inaugurée lors du bicentenaire des Etats-Unis par les chefs d'Etat français et américains. Cette fondation ne se cache pas et je ne lui prête pas plus d'intention que celles qu'elle affiche. Je laisse également les personnes penser ce qu'elles veulent des attentats du 11 septembre, car je ne fais aucun rapprochement avec cet événement et nos partis politiques.

Il faut se méfier des mouvements visant à mélanger irrationnel et probable car l'irrationnel prend le dessus et discrédite ce qui pouvait être probable.

Qui est à l'origine de la théorie du complot ? Il est certain qu'elle est très connue et pour qu'une telle thèse soit ainsi répandue, il faut des moyens importants. Essayez de créer un mouvement de pensée et vous comprendrez qu'il est bien impossible d'y parvenir sans argent et moyens humains. Internet seul ne suffit pas.

Donc, cette théorie est entretenue par des personnes qui y trouvent un réel intérêt aux regards des moyens nécessaires qu'elles investissent pour assurer sa notoriété. Cependant, il est difficile de considérer que l'objectif est simplement le plaisir de partager une thèse qui fait la risée de beaucoup de personnes.

Quoi de mieux que de tourner en dérision les personnes qui voudraient aborder un sujet qui pourrait gêner. La théorie du complot ne serait-elle pas un complot en soit ? N'est-ce pas dans les compétences de nos hommes politiques que de savoir rassembler des populations sur des idéaux, quel qu'ils soient ?

LA NATURE HUMAINE

On nous inculque que l'homme a un fond de bonté et qu'il faut penser à son prochain. Ce message est diffusé en permanence sur nos écrans de télévision à travers des reportages sur l'écologie, des émissions sur les « Restos du Cœur » ou d'autres associations, des téléfilms comme « Joséphine Ange Gardien ». Il est repris à la radio à travers la chanson des « Enfoirés » qui tourne en boucle et aussi par diverses émissions sur le sujet.

Autrefois, ce genre d'enseignement était réservé au religions. l'Etat faisait son travail d'éducation civique qui n'est autre que d'apprendre les règles élémentaires suivantes : La liberté de chacun s'arrête où commence celle des autres et il faut respecter les lois de notre pays.

Si nous regardons de plus près le financement des associations concernées, nous constatons que toutes profitent de la loi votée sous François Mitterrand accordant un crédit d'impôt de 66% des dons, à leurs donateurs. Donc les deux tiers de la valeur des dons individuels sont, en fait, une subvention de l'Etat. S'ajoutent à cela des subventions publiques généreuses provenant souvent des collectivités locales ou d'autres fonds publics. Ainsi, sans l'Etat, toutes ces associations n'existeraient pas.

L'Etat investit donc beaucoup pour qu'il nous soit inculqué que l'homme est bon et qu'il faut penser à son prochain. Cela est surprenant de sa part. Pourquoi fait-il cela ?

Une des raisons pourrait être de marginaliser les personnes soutenants qu'il est préférable de défendre ses propres intérêts avant ceux des autres. Celles-ci prônent généralement le nationalisme et l'indépendance de la France ce qui est contraire à la politique actuelle.

Une autre raison serait de faire croire que tout le monde a des bonnes intentions et notamment nos responsables politiques. En effet, on constate aujourd'hui, que celui qui va à l'encontre de ce discours est considéré comme une personne méchante voir paranoïaque. Cependant, la nature humaine est pleine de mauvaises intentions et l'histoire nous le montre, quelle que soit la période.

Donc, à travers les messages de charité et de générosité diffusés in fine par l'Etat, se cache une intention d'exclure ceux qui pourraient soutenir la thèse que nos responsables politiques ne sont pas si gentils que ça, et qu'ils sont tout à fait capables de tromperie organisée à grande échelle.

Nous admettons tous que le milieu politique est un endroit où chacun écrase l'autre pour prendre sa place. Nous disons également que c'est un panier de crabe.
Nos dirigeants sont tous parvenus au sommet de ce panier. Ils sont, de fait, les premiers de la classe dans les matières comme : Le mensonge, la mauvaise foi, le dénigrement, les coups tordus, la manipulation, la traitrise, la tromperie …
Comment, dans ces conditions, leur prêter la moindre intention positive envers les citoyens français, ou envers leur pays ? Leur seul but est de prendre le pouvoir. Il n'y a que cela qui compte et ils sont prêts à tout pour l'obtenir.

Hitler, Mussolini, Staline et bien d'autres dictateurs ont tous pris le pouvoir en étant parvenu à la tête d'une organisation similaire à celles de nos partis politique. Ils ont gravi les échelons en usant des mêmes techniques que celles employées par Sarkozy ou Hollande. Tous ces hommes sont donc similaires en beaucoup de points.

La vraie nature humaine est loin de celle que l'on voudrait nous faire croire.

LA MONDIALISATION

La mondialisation n'est pas une contrainte pour les pays. Au contraire, elle étend le périmètre d'action de ses entreprises. Cependant, nos hommes politiques accusent celle-ci d'être à l'origine de tous nos problèmes.

La fuite de nos moyens de production vers l'étranger provient exclusivement des charges excessives sur les salaires français qui ont conduit les entreprises à délocaliser leur production.

La dette de la France a pour origine les dépenses de l'Etat qui, comme nous le constatons ne faiblissent pas malgré plusieurs années où l'alerte est donnée. La crise n'empêche pas la construction d'un nouveau ministère de la Défense bien que tous ses employés aient déjà un bureau correct pour travailler.
Nous pouvons nous interroger sur la nécessité de la construction des logements sociaux. En effet, à proximité de mon domicile, un immeuble de logement social a été livré en octobre dernier. Six mois plus tard, il reste encore sept appartements vides. Plusieurs autres logements sont en cours de construction sur la commune. Ils seront livrés en 2013... Il semblerait donc que les besoins en logements sociaux, tant mis en avant par le gouvernement, ne soient pas aussi urgent qu'on nous le raconte. Il s'agirait plus d'un prétexte pour passer des marchés publics aux grandes entreprises du bâtiment.

Le chômage provient de la délocalisation de notre production. Toute autre explication n'est que mensonge.

On nous dit que la construction de logements sociaux va résorber le chômage. Mais que voit-on sur les chantiers ? La main-d'œuvre est majoritairement étrangère. Les ouvriers étrangers restent en France le temps de la construction et repartent chez eux une fois les travaux terminés. C'est malheureusement la triste vérité.

La raison à cela est le code des marchés publics tel qu'il est pratiqué dans le bâtiment. En effet, dans ce secteur, l'entreprise qui remporte un marché est souvent celle qui fait la proposition la moins chère. Personne ne regarde si son offre est compatible avec une main-d'œuvre française, seul le prix entre en considération. Ainsi, pour obtenir des marchés avec l'Etat, les entreprises sont obligées d'employer des étrangers. Pour cela, elles passent des contrats avec des agences d'intérim étrangères qui fournissent, sur catalogue, des maçons, des peintres, des électriciens… Inutile de dire que la couverture sociale des personnes retenues n'est pas celle que nous connaissons en France.

La hausse des prix à la consommation ne peut pas être due à l'augmentation des coûts de production car plus le temps passe, plus les entreprises s'installent dans des pays à main-d'œuvre réduite. Or, les prix dans nos magasins augmentent en permanence. Donc, au sein de la chaîne de commercialisation, il y a forcément des maillons qui se servent beaucoup plus qu'il ne le faudrait et l'Etat laisse faire. Les marges pratiquées dans l'importation sont énormes. Il en est de même dans la grande distribution. Maintenant celle-ci a pris le monopole dans notre pays. En effet, les grandes surfaces sont réparties généralement de telle sorte qu'elles ne se fassent pas de concurrence localement. l'Etat est responsable de cette organisation car il attribue les autorisations d'implantation.

Tout est fait pour mettre le pays en position de crise, démunir ceux qui ont des revenus faibles ou moyens et favoriser encore d'avantage ceux qui gagnent déjà beaucoup d'argent. La mondialisation n'y est pour rien dans notre cas, pourtant nous n'entendons parler que d'elle.

Chaque pays européen a eu, ces dernières années, ses propres problèmes internes. Pour certains, il s'agit de l'ingérence de leurs dirigeants, comme c'est le cas en France. D'autres ont eu à surmonter des difficultés indépendantes de leur volonté, comme l'Allemagne qui a dû se reconstruire suite à la chute du mur de Berlin.

Certes, les résultats économiques de ces pays sont similaires, mais cela ne veut pas dire qu'ils ont la même origine. Or, c'est le dialogue que tiennent nos dirigeants en accusant la mondialisation comme étant un mal soit disant incontournable.

UNE NOUVELLE JUSTICE POUR LES BANQUES

La baisse de notre pouvoir d'achat oblige certains ménages à prendre un emprunt. Les organismes de crédits ne cessent de nous faire rêver et de faciliter l'obtention d'un prêt à la consommation à tel point qu'il devient difficile de résister. Mais qu'advient-il aux personnes qui ne peuvent plus rembourser ?

L'Etat à mis en place une nouvelle législation ne laissant aucune chance aux petits emprunteurs en difficulté de paiement. Ces derniers se voient maintenant démunis de leurs biens sans même avoir la possibilité de se défendre. Généralement, les sommes demandées par les banques en cas de recouvrement sont majorées de frais important. Ainsi le client qui ne peut plus rembourser est devenu plus rentable pour la banques que celui qui rembourse. Les banques continuent donc à accorder des prêts sans vraiment vérifier si la personne pourra supporter les remboursements.

En janvier 2006, dans le cadre de la réforme du code de procédure civile, la procédure de signification des actes de justice a été modifiée par le décret n°2005-1678 du 28 décembre 2005, notamment l'article 656 du Code de procédure civile. Cette modification a un impact important sur nos libertés individuelle, notamment sur notre droit à un procès équitable que nous avons déjà évoqué.

Avant 2006 la procédure était la suivante : L'huissier chargé de remettre l'acte à la personne se déplaçait à son domicile. Si la personne n'était pas présente, alors il déposait un avis de passage précisant que l'acte original avait été remis en mairie.

Charge ensuite au maire, par ses devoirs d'élu, de relancer la personne si celle-ci ne se présentait pas rapidement pour retirer l'acte. Eventuellement, le maire pouvait faire appel aux forces de l'ordre pour retrouver la personne qui pouvait très bien être momentanément absente pendant plusieurs jours.

Depuis 2006, les actes ne sont plus remis en mairie quand la personne est absente. L'huissier dépose juste un avis de passage et envoie, en courrier simple, une lettre précisant qu'un acte concernant la personne est disponible à son étude. Rien d'autre n'est imposé par la loi à l'huissier pour remettre un acte. Il n'en fait donc pas plus.

Les huissiers sont les spécialistes du recouvrement. Ils en ont pratiquement le monopole en France. Ils sont à ce titre énormément sollicités par les banques et les sociétés immobilières pour les non-remboursements d'emprunts ou les loyers impayés.

Cependant, l'huissier ne peut saisir des biens ou des salaires que sur décision de justice. Dans le cadre d'un recouvrement, il est chargé d'assigner la personne (la convoquer à l'audience), de lui signifier le jugement et d'exécuter la peine définie par le juge. Il est rémunéré pour ses interventions et touche également un pourcentage proportionnel aux sommes recouvrées. Ce dernier est défini par décret.

L'assignation en justice est un acte comme un autre. Il est remis à la personne suivant la procédure évoquée ci-dessus. Lors de sa remise, l'huissier est le seul à intervenir. Il ne peut apporter la preuve de son action car il a juste à remettre un avis de passage et à envoyer un courrier simple. Cela ne laisse pas de trace qui pourrait servir de preuve. Donc, il est cru sur parole quand il affirme avoir remis l'assignation et cela suffit au juge pour considérer que la personne concernée a bien été prévenue de son procès.

Imaginons le cas d'un huissier peu scrupuleux. Celui-ci veut faire en sorte que son client gagne son procès dans les meilleures conditions. Il touchera ainsi plus d'honoraires et son client sera satisfait.
Pour parvenir à ses fins, il lui suffit de dire qu'il a assigné la personne mise en cause mais sans l'avoir fait réellement. Il a juste une attestation à produire et aucune preuve à apporter, comme nous l'avons vu.

Ainsi, la personne mise en cause ne sera pas informée de son procès. Le jour de l'audience, celle-ci sera absente, mais cela n'empêche pas le jugement qui, dans ce cas, se fera systématiquement en faveur du client de notre huissier. Il suffit ensuite que l'huissier ne remette pas, de la même façon, le jugement pour que la personne ne soit toujours pas informée et ne puisse pas faire appel. Ensuite, dès le délai d'appel échu, l'huissier prend les dispositions nécessaires pour faire exécuter la peine.

Généralement, les personnes ne sont pas au courant qu'elles ont la possibilité de se présenter à l'audience dans le cadre d'un recouvrement et pensent que l'huissier est le seul à décider. Ainsi, lorsque celles-ci reçoivent une lettre les informant d'une saisie sur leurs salaires, elles ne contestent pas la procédure. D'ailleurs, il leur serait bien impossible de le faire.

En pratiquant comme cela, l'huissier ne prend aucun risque vis à vis de la loi. Rien ne peut lui être reproché car la preuve qu'il n'a pas remis les actes ne peut en aucun cas être produite. De plus, l'huissier est assermenté contrairement à celui qui contesterait son travail.

Malheureusement, cette technique est très fréquemment utilisée dans le cadre des recouvrements. En effet, elle permet à la banque d'obtenir le maximum de dédommagement et à l'huissier de toucher des honoraires plus importants, tout en travaillant moins.

Avant 2006, cela était impossible car le maire était sollicité pour remettre l'acte. Il y avait donc une tierce personne qui pouvait attester de la signification faite par l'huissier. Par ailleurs, le maire à le devoir de donner à ses administrés les droits qui leur reviennent notamment celui d'avoir un procès équitable. Ainsi, toutes les démarches qu'il entreprenait pour rechercher une personne n'avaient pas à être imposées par une loi, elles s'imposaient d'elles mêmes. L'huissier, quant à lui, n'a que l'obligation de respecter la loi et celle-ci ne précise pas qu'il faut entamer des recherches plus poussées si la personne ne vient pas chercher l'acte à son étude. Alors il ne fait rien.

Il n'y avait aucune raison de modifier la procédure de signification des actes de justice, si ce n'était la rendre faillible pour que les banques puissent obtenir systématiquement raison devant les petits emprunteurs en difficulté de paiement. Ces derniers sont devenus maintenant plus lucratifs pour la banque que ceux qui remboursent normalement leurs emprunts.

Vous allez penser qu'il faut vraiment être mesquin et calculateur pour imaginer un tel procédé. Mais n'est-ce pas là des qualités propres à nos dirigeants modernes ? Sans elles, comme nous l'avons déjà vu, ils ne seraient jamais parvenus là où ils sont. Mon expérience au ministère de la Défense montre qu'ils pratiquent ces deux disciplines avec brio.

J'ai été victime de cette pratique frauduleuse. Une plainte a été déposée à la Chambre des Huissiers compétente. Si celle-ci ne me donne pas raison alors je me retournerai vers la cour européenne des droits de l'homme seule instance encore accessible aux français que l'on peut espérer neutre.

EXPERTS ET SCIENTIFIQUES

Aujourd'hui, nos dirigeants politiques s'appuient systématiquement sur des experts lorsqu'un problème apparaît. Mais qui sont ces experts ?

Ils sont présentés comme des personnes de savoir dont l'analyse est indiscutable. Par exemple, si un expert dit qu'une entreprise comme Peugeot a des difficultés financières alors cela est considéré comme étant la vérité et il est admis que Peugeot doit licencier du personnel.

Or, nous n'avons aucune garantie sur la fiabilité de l'expert. Dans beaucoup de domaines, plus on fait d'expertises, plus les résultats divergent.

Par principe, la science n'est pas exacte. En effet, le but des scientifiques est de déterminer des théories permettant de modéliser les phénomènes naturels.

Pour y parvenir, ils s'appuient sur des mesures et des lois déjà existantes. Ils confirment ensuite leurs théories en faisant des expériences et en comparant les résultats obtenus avec leurs calculs.

Donc, on peut résumer leur démarche comme suit :
1. Observations, mesures,
2. Compréhension et modélisation mathématique,
3. Confrontation du modèle mathématique avec la réalité, en faisant des expériences.

Tant que la phase 3 n'est pas réalisée, il n'est pas possible de dire si la théorie est correcte ou non.

Une théorie n'est jamais complètement acquise.
En effet, l'avancée des technologies nous permet de faire des expériences toujours plus poussées et dans des conditions qui n'avaient jamais été explorées auparavant. Il arrive par moment que les calculs théoriques ne coïncident plus avec la réalité. La théorie initiale est alors remise en cause.

A titre d'exemple, l'écoulement d'un fluide ne répond pas aux mêmes lois si sa vitesse est inférieure ou supérieure à celle du son. Avant que les scientifiques s'en aperçoivent, plusieurs prototypes d'avions à réaction se sont écrasés.

La nature est complexe et l'homme est très loin de l'avoir complètement modélisée.

Dans la théorie du réchauffement climatique, aucune expérience n'a été faite à l'échelle de la planète. De plus, les données sur le passé sont bien insuffisantes, notamment sur la composition de l'atmosphère. Donc rien ne nous permet d'affirmer formellement que le climat va continuer à se réchauffer ou même qu'il se réchauffe.

Les avis sont très divergents dans le domaine scientifique. Certains avancent même un refroidissement de la planète. Leurs arguments sont tout aussi convaincants que ceux que nous connaissons sur le réchauffement.

Aujourd'hui la science ne permet pas de prédire la météo, de façon certaine, à plus de 24 heures, malgré tous les moyens d'observation et de calcul dont nous disposons. Comment, dans ces conditions, peut on déterminer avec certitude la température de la terre dans 100 ans, voire même son évolution sur 2 ans ?

Nos responsables politiques ont tous fait de hautes études supérieures et connaissent parfaitement les principes et les limites de la science. Ils nous prennent donc pour des idiots en affirmant, sans émettre la moindre réserve, que la terre se réchauffe durablement.

Le mouvement qu'ils ont créé sur ce sujet est donc une énorme supercherie qui nous montre jusqu'où ils sont capables d'aller dans la machination.

L'Etat endoctrine aujourd'hui nos enfants à l'école en leur enseignant que le réchauffement climatique est une réalité. Hitler ne faisait pas mieux avec ses principes sur les juifs et la race arienne.

Il est évident que derrière tout cela se cachent des intentions malveillantes et, sans aucun doute, beaucoup d'argent.

Les titres de scientifiques et d'experts sont devenus des outils pour nous tromper.

LA CONSTITUTION FRANÇAISE

La constitution Française a été adoptée par référendum le 28 septembre 1958, puis promulguée le 4 octobre 1958.

Elle fut ensuite modifiée 24 fois jusqu'à aujourd'hui dont seulement deux fois par voie de référendum pour le mode d'élection du président de la République et la durée de son mandat.

La constitution en vigueur est très différente de sa version initiale. D'une part, sa forme est beaucoup moins claire qu'elle ne l'était à l'origine. Il est nécessaire, par moment, d'avoir des notions de droit pour y comprendre quelque chose. D'autre part, au fil du temps, elle s'est considérablement complexifiée.

Il serait bien difficile aujourd'hui de faire voter cette constitution par référendum. En effet, personne n'y comprendrait rien. Des experts juridiques sont d'ailleurs partagés sur l'interprétation de certains articles. L'article 68 relatif à la destitution du président de la République en est un exemple. Il s'énonce comme suit :

« Le Président de la République ne peut être destitué qu'en cas de manquement à ses devoirs manifestement incompatible avec l'exercice de son mandat... »

Que veut dire exactement « manquement à ses devoirs manifestement incompatible avec l'exercice de son mandat » ? Cela est très vague.

La formulation d'origine était la suivante :
« Le Président de la République n'est responsable des actes accomplis dans l'exercice de ses fonctions qu'en cas de haute trahison... »

Cela était beaucoup plus clair.

Cet article avait pour vocation initiale de préserver la France de toutes trahisons comme celle de 1940 avec l'avènement du gouvernement de Vichy. Aujourd'hui, on lui attribue d'autres fonctions.

Les règles de destitution du président de la République sont aussi importantes que le mode de scrutin de son élection. Il aurait été normal, voire impératif, que le nouvel article 68 soit proposé au peuple par voie de référendum.

La constitution représente la volonté du peuple sur les principes de fonctionnement de l'Etat. Elle ne devrait pas être modifiée sans son approbation. Or nous constatons que ce principe n'a absolument pas été respecté après le départ du Général de Gaulle. Cela nous montre le peu de considération que nous portent nos responsables politiques.

La constitution nous appartient et nous devons la revendiquer. Aujourd'hui il nous est bien impossible de la comprendre.

En annexe vous trouverez toutes les modifications apportées depuis 1958, article par article. Vous pourrez ainsi constater l'étendue des dégâts.

LA DICTATURE C'EST POUR QUAND ?

Nous avons vu que l'Etat supprimait doucement nos droits et qu'il faisait tout pour affaiblir notre pays. Tout semble montrer que nous nous rapprochons progressivement de la mise en place d'un régime autoritaire.

Comment cela pourrait-il se produire ? Un moyen efficace pour implanter une dictature est de déclencher une crise constitutionnelle. Cela consiste à mettre notre pays dans une position où la constitution ne pourra pas nous permettre de nous redresser. Un coup d'Etat sera alors la seule solution.

Le point faible de notre constitution réside dans le fait que le président de la République est quasiment inamovible. L'article 68 de la constitution précise :

« Le Président de la République ne peut être destitué qu'en cas de manquement à ses devoirs manifestement incompatible avec l'exercice de son mandat... »

On s'aperçoit que si le président ne fait pas de faute de forme ou de manque à la constitution alors rien ne peut lui arriver.

Certes, aujourd'hui, le président de la République ne respecte pas la constitution car les droits de l'homme ne sont pas appliqués dans le monde du travail. Cependant ce manquement ne sera jamais dénoncé par nos responsables politiques car ils sont tous impliqués. De plus, l'idée n'est pas de changer de président de la République mais de casser la constitution.

Si François Hollande conduit la France au fond du gouffre, ou devient très impopulaire, ou les deux à la fois, tout en ne commettant pas de manque incompatible avec l'exercice de son mandat, nous serons bloqués. Nos responsables politiques nous diront alors qu'un coup d'Etat est indispensable pour sauver la France.

Aujourd'hui nous allons droit vers cette situation :

- François Hollande n'entreprend pas des actions suffisantes pour redresser la France et la situation ne fait qu'empirer.

- L'affaire Cahuzac a fait chuter fortement sa popularité.

- Les manifestations contre le mariage pour tous prennent de plus en plus d'ampleur donnant l'impression d'un climat de révolte.

- Progressivement tous les partis politiques se rallient contre François Hollande. Même certains élus PS commencent à retourner leur veste.

- Le bruit d'une révolution commence à se faire entendre.

Mais, à aucun moment, on ne peut accuser le président de la République de manquement à ses devoirs de président.

Tous ces événements sont organisés et planifiés comme, par exemple, l'affaire Cahuzac.

Comment un ministre du budget pourrait-il être inquiété par un journaliste ? C'est impossible. En effet, mon expérience personnelle le montre. Lorsque j'ai informé le Canard Enchaîné que je possédais des éléments indiscutables démontrant des malversations pratiquées sur des marchés publics au ministère de la Défense et que, pour cette raison, ma hiérarchie s'en prenait à moi, j'ai immédiatement été victime de représailles de la part du ministère de la Défense. Le Canard Enchaîné n'a fait que me dénoncer aux autorités et n'a jamais publié quoique ce soit.

Le Canard Enchaîné ou Médiapart sont devenus les oreilles de l'Etat. Ce dernier leur apporte toute l'importance nécessaire pour donner l'illusion d'une liberté de la Presse. L'affaire Cahuzac en est le parfait exemple. Mais tout n'est que tromperie.

Par ailleurs, tous les fonctionnaires devant accéder à des données secrètes font l'objet d'enquêtes périodiques très poussées. Leur but est de s'assurer que la personne ne peut en aucun cas faire l'objet de chantage qui la pousserait à divulguer des informations secrètes. Les enquêteurs, appartenant aux services du renseignement, regardent si des membres de la famille vivent dans des pays jugés à risques, si les habitudes de la personne ne peuvent pas se retourner contre elle et si sa situation financière peut être reprochable. Les trois axes de vulnérabilité de l'homme sont ainsi analysés : attaches sentimentales, sexe, argent.

Dans ce contexte, il est impossible que Cahuzac ait pu devenir ministre du budget avec des comptes off-shore à moins que cela n'ait été voulu. L'Etat ne plaisante pas avec le secret car il contient des éléments susceptibles de le destituer.

Ce n'est pas la première fois que nos dirigeants nous trompent avec des histoires tordues dignes d'un film de série B. En effet, en 1959, François Mitterrand avait organisé son propre attentat manqué pour faire parler de lui à un moment où sa popularité était au plus bas.

Mais, quand une affaire doit être étouffée, elle l'est. En 2011, des financements occultes de campagnes électorales sont dénoncés. Il s'agissait de fonds africains ayant été utilisés par plusieurs candidats de droite. Cependant, le parquet n'a jamais ouvert d'enquête.

Les manifestations contre le mariage pour tous sont également organisées par les partis politiques pour donner l'illusion d'une rébellion du peuple. En effet, faire venir des gens de toute la France nécessite une organisation nationale et locale ainsi que des moyens financiers importants. Seuls les partis politiques sont dimensionnés de la sorte et disposent de toutes les compétences pour ce genre d'exercice.

D'autres indices montrent qu'un bouleversement politique se prépare.

Nous n'avons jamais vu autant d'émissions télévisées sur la police ou la gendarmerie (Enquête d'Action sur W9, Au cœur de l'enquête sur Direct 8 ...). Cette propagande n'a qu'un seul but, nous faire admettre le nombre toujours croissant de policiers dans nos rues. Où que nous allions, nous croisons les forces de l'ordre verbalisant les usagers ou rôdant en voiture à l'affût de la moindre faute d'un citoyen. Il est difficile maintenant de s'adresser à des policiers ou à des gendarmes, leur attitude est devenue arrogante et leur langage menaçant.

On nous annonce que la délinquance augmente malgré toutes les mesures entreprises par l'Etat. N'est-ce pas plutôt une façon fallacieuse pour nous faire croire qu'il faut encore plus de policiers ? Nous n'avons jamais vu autant de publicités pour recruter des militaires, des gardiens pénitenciers, des policiers ou des gendarmes.

Dans le cas d'une prise de pouvoir musclée, il faudra contenir la population. L'Etat semble se préparer à cette éventualité.

La France dispose toujours de grandes richesses : 2500 tonnes d'or, énormément d'objets d'art de très grande valeur, des terroirs renommés ... Ceux qui prendront le pouvoir seront donc très riches.

L'échéance semble être pour bientôt.

UN PEU D'HISTOIRE

D'aussi loin que remonte l'histoire des partis politiques, ceux-ci n'ont jamais brillé dans la défense de notre pays. Bien au contraire, à la première opportunité, ils ont rejoint le clan de l'occupant lorsque celui-ci était en position de force.

Cela a été le cas en juin 1940 où ils se sont tous ralliés à Pétain. Même le parti communiste qui se dit avoir été un des pilier de la résistance, n'a rejoint cette dernière qu'à partir du moment où l'URSS entrait en guerre contre les allemands, soit un an après.

Dès que l'espoir de voir la France libérée des Allemands commençait à apparaître, beaucoup d'hommes politiques ont rejoint la résistance. Ils préparaient ainsi l'après guerre.

Durant la guerre d'Algérie, les responsables politiques ont mis l'armée en situation extrêmement délicate en lui imposant l'usage de la torture afin de remonter les réseaux terroristes. Cela était connu dans les milieux politiques mais personne ne s'est insurgé. Les pratiques barbares ne semblent pas émouvoir nos hommes politiques.

Jacques Chirac a été condamné en 2012 à deux ans de prison avec sursis pour un délit commis alors qu'il était maire de Paris.

François Hollande s'est fait passer publiquement pour un écrivain de droite nommé Caton. Vous pouvez trouver des vidéos sur ce sujet en faisant une recherche Google avec les mots « Caton Hollande ».

Harlem désir a été condamné, le 17 décembre 1998, à 18 mois de prison avec sursis et 30.000 francs d'amende pour recel d'abus de biens sociaux. Il a été amnistié par François Mitterrand alors qu'il devait 80.000 francs d'amende au Trésor Public.

Si nous recherchons tous les délits et mensonges commis par nos hommes politiques, la liste est longue.

C'est devant les situations que nous pouvons juger de la loyauté et de l'humanité des gens. Il s'avère qu'en ce qui concerne nos responsables politiques, ces deux qualités n'ont jamais été au rendez-vous.

DU BON SENS

On s'aperçoit que notre gouvernement prend souvent des orientations contraires au bon sens.

J'écoutais l'autre jour une question posée par un sénateur au ministre de la santé lors d'une session de questions au gouvernement. Le sénateur demandait pourquoi, les médicaments ne seraient pas distribués à l'unité au lieu d'être vendus dans des boites dont la quantité de cachets est souvent supérieure au besoin du traitement. Cela se pratique dans d'autres pays et pourrait très bien être appliqué en France.

C'était, selon moi, une bonne proposition et la ministre aurait dû répondre qu'elle allait y réfléchir. Mais, au lieu de cela, celle-ci rejeta d'emblée la proposition en prétendant qu'il fallait mieux sensibiliser les médecins et les patients afin de limiter la surconsommation de médicaments.

Dans un cas, la solution est gratuite, ou presque, dans l'autre, il faut dépenser de l'argent et c'est malheureusement cette dernière qui est retenue. Des exemples comme celui-ci ne manquent pas.

Le bon sens ne semble donc pas être le principal critère de prise de décision pour nos responsables politiques. Cependant, ces derniers sont généralement d'un niveau intellectuel supérieur à la moyenne et donc, potentiellement, devraient choisir des solutions appropriées.

Ainsi, ce qui nous parait être un mauvais choix de leur part, pourrait être une bonne solution si l'objectif recherché n'est pas celui annoncé. Dans l'exemple ci-dessus, l'objectif n'est pas de diminuer le déficit de la sécurité sociale mais de préserver les intérêts des sociétés pharmaceutiques tout en faisant croire à une volonté de diminuer ledit déficit. L'équation n'est pas simple mais la solution proposée par la ministre est tout à fait adaptée.

L'organisation des partis politiques est incompatible avec l'application du bon sens. En effet, chaque parti défend des solutions souvent contraires à celles de ses homologues, uniquement pour marquer son identité et ses différences. Cela fausse les débats qui deviennent partisans et les décisions prises par ce principe sont presque toujours inappropriées.

Le mode de fonctionnement du parlement est également un frein au bon sens. En effet, ces assemblées ressemblent plus à des cours de récréation d'écoles maternelles, qu'à un lieu de travail. Les conflits entre les partis politiques prennent le dessus sur le fond des débats et les décisions qui en sortent sont le reflet de ce chahut.

Nos responsables politiques ne sont pas des idiots, mais ils ne voient que leurs intérêts individuels, ceux de leurs partis politiques et ceux des grandes entreprises. De plus, le système républicain mis en place qui leur permet d'être aussi nombreux à profiter de l'Etat, écarte encore plus les intérêts de la France des débats.

CONCLUSION

La vérité réside dans ce que vous constatez. Si vous regardez la société sous l'angle que je vous apporte, alors vous comprendrez davantage le comportement de nos responsables politiques et les événements actuels.

Toute théorie doit être vérifiée. Dans certains cas, nous ne pouvons pas observer les choses directement. Nous en déduisons leur existence et leurs caractéristiques par rapport aux effets qu'elles produisent sur l'environnement. Un exemple très connu en physique est celui des trous noirs qui, par définition, ne peuvent pas être observés. Par contre, leur influence sur la trajectoire de la lumière et sur celles des planètes permet de dire qu'ils existent et à quoi ils ressemblent.

Nous sommes aujourd'hui dans le même cas de figure. Nous n'aurons jamais de preuve formelle de l'existence d'une alliance entre les partis politiques destinée à soutenir les intérêts économiques américains et à exécuter un plan d'affaiblissement de la France, datant de 1945 dont l'aboutissement est une dictature.

Cependant, nous pouvons observer et nous forger notre conviction.

L'origine du plan d'affaissement n'importe peu. L'important est de constater qu'il est bien présent. De toutes façons, nos responsables politiques ont un intérêt évident à voire une dictature se mettre en place. Ils pourront ainsi profiter pleinement des richesses de la France et jouer dans la même cour que celle de leurs amis dirigeants des grandes entreprise aux salaires exorbitants.

On n'instaure pas une dictature dans un pays développé. Il faut au préalable l'affaiblir. Ainsi le plan dont j'attribue l'origine aux Etats Unis peut très bien être une idée de nos responsables politiques. Cela ne change pas le problème.

Comment sortir de cette situation ? Toute tentative visant créer un ou des groupes d'opposition est vouée à l'échec. Nos responsables politiques sont partout et disposent de tous les pouvoirs: la justice, la police, l'armée et les médias. Aucune cause contraire à l'ordre établi ne peut émerger dans ces conditions.

Cependant, si l'Etat français est condamné par la cour européenne des droits de l'homme pour avoir retirer aux salariés le droit à un procès équitable, alors on pourra espérer que le président de la République se retirera.

Une crise constitutionnelle est d'ores et déjà écartée. En effet, le non respect de la constitution par le président de la République et démontré de façon irréfutable dans ce livre que je m'engage à adresser à tous les députés et à tous les sénateurs. Ainsi, le parlement ne pourra plus prétendre que la seule solution pour destituer le président de la République est la force.

Peut être que les choses se passeront différemment, l'avenir nous réserve toujours des surprises.

Cependant, dans notre cas, La loi de Murphy est avec nous, ce qui est une très bonne chose. Celle-ci nous dit :

« Si une chose peut mal tourner, elle va infailliblement mal tourner. »

Cette loi est très connu par tous les responsables de grands projets car elle se vérifie presque à chaque fois.

Le grand projet de nos partis politiques français à donc de fortes chances de capoter car il est impossible, lorsqu'il s'agit de facteur humains, de prédire avec précision les réactions de chacun et donc d'évaluer l'ensemble des risques.

Un petit grain de sable peu enrayer une très grosse mécanique. Il suffit parfois de très peu, pour changer radicalement le cours de l'histoire. Le 17 juin 1940, un officier français désobéissait à ses supérieurs hiérarchiques et rejoignait l'Angleterre. La suite, vous la connaissez.

La France retrouvera sa liberté et les français leurs droits. J'en ai l'intime conviction.

« vingt siècles d'histoire sont là pour attester qu'on a toujours raison d'avoir foi en la France » disait Charles de Gaulle.

BIOGRAPHIE DE L'AUTEUR

Jacques Girardot est né le 10 septembre 1966 à Belfort d'un milieu bourgeois. Il est le troisième d'une fratrie de quatre enfants. Son père est alors directeur technique d'une visserie à Plancher-les-Mines (Haute Saône) et sa mère femme au foyer. Il passe son enfance en côtoyant les enfants de la bourgeoisie locale, ses parents lui interdisant de fréquenter la classe ouvrière.

Jacques Girardot rentre très rapidement en conflit avec son père dont le caractère autoritaire et rigide était incompatible avec l'esprit anticonformiste et rebelle de son fils. Très tôt, il se voit infliger un traitement particulier par ses parents qui le considèrent différent des autres enfants. Brimades, interdictions de sortie, réprimandes... font son quotidien durant toute sa jeunesse.

Dès le primaire, Jacques Girardot obtient de très bons résultats en mathématiques et en sciences. Il souhaite devenir chercheur mais est contraint de suivre les instructions de son père qui l'oriente vers une formation d'ingénieur en mécanique.

En 1986, Jacques Girardot est admis à l'Ecole Nationale Supérieure des Arts et Métiers. Il reçoit son diplôme en 1990 et commence sa carrière dans l'informatique en créant sa propre entreprise. La conjoncture économique n'étant pas très bonne, au bout d'un an, il décide de rentrer chez Alstom à Belfort en tant que salarié. Il occupe un poste de management de projets industriels.

En janvier 2000, il est licencié pour raison économique. Il rentre alors au ministère de la défense à la Direction Générale de l'Armement comme directeur de projet informatique.

Entre 2007 et 2009 il crée une nouvelle entreprise de développement de sites Internet et de dépannage informatique pour professionnels et particuliers. Il exerce cette activité en plus de son travail. Malgré les très bons résultats obtenus, il est contraint d'arrêter en janvier 2010 pour des contraintes réglementaires imposées par son employeur.

En 2011, il découvre des éléments affligeants et jusque là gardés secrets sur le passé de ses parents peu de temps après leur mariage. Son père et sa mère s'en aperçoivent et prennent peur. Ils organisent alors en cachette avec la complicité de ses deux frères, une hospitalisation d'office, à la demande d'un tiers en psychiatrie, pour leur fils, afin de le discréditer. Ainsi, le 21 avril 2010, Jacques Girardot est emmené de force par la Police à l'hôpital Psychiatrique Paul Géraud de Villejuif où il reste 10 jours, le temps qu'un médecin compétent s'entretienne avec lui et lève la mesure d'hospitalisation.

Durant ces dix jours, il découvre de l'intérieur l'univers des hôpitaux psychiatriques où la notion d'être humain semble avoir été oubliée par certains praticiens qui considèrent leurs patients comme des animaux à qui on prescrit un traitement suffisant pour qu'ils restent tranquilles. Certains malades restent pendant plusieurs jours, voir semaines, sans voir de médecin.

Il comprend plus tard qu'il suffit d'appeler SOS Psychiatrie et de payer un psychiatre 300 euros en espèce pour envoyer à l'hôpital n'importe quelle personne. Par la suite, il comprend que la psychiatrie est un outil fréquemment utilisé par nos institutions pour écarter certaines personnes gênantes.

Cet événement a fortement marqué la personnalité de Jacques Girardot et cela a contribué a forger son engagement actuel pour la défense des droits de l'homme en France.

Peu de temps après sa sortie de l'hôpital, son père et sa mère récidivent à deux reprises, mais en vain. Jacques Girardot met fin à leur acharnement en déposant une main courante contre ses parents.

La même année, il est le témoin d'irrégularités importantes sur un marché public du ministère de la Défense. Il décide d'en informer sa hiérarchie. Mais il comprend très vite que l'honnêteté n'est pas une valeur très appréciée au ministère de la Défense.

En effet, peu de temps après, il est écarté de ses responsabilités puis harcelé moralement durant un an. Il décide alors de confondre ses supérieurs en accédant à leurs messageries professionnelles. Il découvre alors que ces derniers suivent des instructions bien précises du numéro deux de la DGA, visant à le mettre en défaut et à le discréditer vis à vis de ses collègues et des syndicats. Il constate que la DGA avait été informée par la Police de son hospitalisation en psychiatrie et que sa hiérarchie reprend cet événement en le déformant pour lui attribuer une pathologie psychique.

Suite à l'accès aux messageries électroniques, plusieurs plaintes calomnieuses sont alors déposées contre lui pour atteinte aux secret des correspondances privées bien qu'il ne s'agisse là que de correspondances professionnelles non assujetties au secret des correspondances suivant la jurisprudence.

Immédiatement, une enquête préliminaire est engagée par la Gendarmerie de l'Armement, gendarmerie attitrée de la DGA. Jacques Girardot est mis en garde à vue durant 12 heures, son appartement est perquisitionné en présence de ses enfants. En plus des éléments découverts dans les messageries, les gendarmes saisissent tous ses papiers personnels et ses deux ordinateurs. Il est ensuite conduit devant un expert psychiatre à qui les gendarmes ont rapporté qu'il était violent, souffrait de troubles du comportement et avait déjà été hospitalisé pour cette raison. Les plaintes déposées par sa hiérarchie sont classées sans suite pour irresponsabilité pénale. Discrédité devant la justice, Jacques Girardot ne peut plus porter plainte pour dénonciation calomnieuse. Tout a été très bien pensé.

Une procédure disciplinaire est ensuite engagée. Celle-ci dure un an durant lequel il lui est interdit de se rendre sur son lieu de travail. Durant cette période, un médecin psychiatre militaire peu scrupuleux rédige un certificat médical attestant qu'il est inapte à tout travail pour raison psychiatrique et demande qu'un congé de longue maladie lui soit accordé. Ce certificat se base exclusivement sur l'expertise pénale fallacieuse mentionnée ci-dessus et sur les dires de la DGA à son sujet.

Avec ce document, la DGA demande à Jacques Girardot de se rendre à la médecine du travail pour que soit officialisée son inaptitude. S'il refuse, il sera licencié.

Ne voulant pas être contraint de prendre un congé de longue maladie de complaisance pour raison psychiatrique, Jacques Girardot ne cède pas à ce chantage et attend son licenciement qui finalement est effectif le 28 février 2013. La DGA n'a pas réussi à le psychiatriser et il est maintenant en position de témoigner ouvertement.

En novembre 2012, il décide de dénoncer la corruption de l'Etat dont il a été le témoin et ouvre une page Facebook nommée « Corruption de l'Etat français ». Il obtient un succès immédiat. En quatre mois, plus de 1800 personnes marquent leur intérêt pour sa page et ses articles sont lus par des milliers d'internautes.

Son analyse s'étend au delà de son cas personnel et il démontre par des exemples concrets la corruption de notre système politique. Il nous ouvre les yeux sur une corruption de l'Etat d'une ampleur bien au delà de ce que nous aurions pu soupçonner. Sa page est très régulièrement victime de censure. Certains de ces articles disparaissent à son insu.

Aujourd'hui, Jacques Girardot prend la défense des droits de l'homme en France, seule solution, selon lui, pour détruire la corruption de l'Etat qui a conduit la France dans la situation critique que nous lui connaissons. Il profite de son licenciement, pour entamer des démarches juridiques visant à faire valoir les droits de l'homme dans le monde du travail mais aussi dans le monde bancaire.

La constitution française
de 1958

CONSTITUTION FRANÇAISE DE 1958
MODIFICATIONS DEPUIS 1958

En **_gras italique_** figurent les ajouts et en ~~barré~~ ce qui a été supprimé par rapport à la version d'origine.

Préambule

Le peuple français proclame solennellement son attachement aux Droits de l'homme et aux principes de la souveraineté nationale tels qu'ils ont été définis par la Déclaration de 1789, confirmée et complétée par le préambule de la Constitution de 1946, **_ainsi qu'aux droits et devoirs définis dans la Charte de l'environnement de 2004._**
En vertu de ces principes et de celui de la libre détermination des peuples, la République offre aux territoires d'outre-mer qui manifestent la volonté d'y adhérer des institutions nouvelles fondées sur l'idéal commun de liberté, d'égalité et de fraternité et conçues en vue de leur évolution démocratique.

Article premier
~~La République et les peuples des Territoires d'Outre-Mer qui, par un acte de libre détermination, adoptent la présente Constitution instituent une Communauté.~~
~~La Communauté est fondée sur l'égalité et la solidarité des peuples qui la composent.~~
La France est une République indivisible, laïque, démocratique et sociale. Elle assure l'égalité devant la loi de tous les citoyens sans distinction d'origine, de race ou de religion. Elle respecte toutes les croyances. Son organisation est décentralisée.
La loi favorise l'égal accès des femmes et des hommes aux mandats électoraux et fonctions électives, ainsi qu'aux responsabilités professionnelles et sociales.

Titre premier
De la souveraineté

Article 2
~~La France est une République indivisible, laïque, démocratique et sociale. Elle assure l'égalité devant la loi de tous les citoyens sans distinction d'origine, de race ou de religion. Elle respecte toutes les croyances.~~
La langue de la République est le français.
L'emblème national est le drapeau tricolore, bleu, blanc, rouge.
L'hymne national est la « Marseillaise ».
La devise de la République est « Liberté, Égalité, Fraternité ».
Son principe est : gouvernement du peuple, par le peuple et pour le peuple.

Article 3
La souveraineté nationale appartient au peuple qui l'exerce par ses représentants et par la voie du référendum.
Aucune section du peuple ni aucun individu ne peut s'en attribuer l'exercice.
Le suffrage peut être direct ou indirect dans les conditions prévues par la Constitution. Il est toujours universel, égal et secret.
Sont électeurs, dans les conditions déterminées par la loi, tous les nationaux français majeurs des deux sexes, jouissant de leurs droits civils et politiques.

Article 4
Les partis et groupements politiques concourent à l'expression du suffrage. Ils se forment et exercent leur activité librement. Ils doivent respecter les principes de la souveraineté nationale et de la démocratie.
Ils contribuent à la mise en œuvre du principe énoncé au second alinéa de l'article 1er dans les conditions déterminées par la loi.
La loi garantit les expressions pluralistes des opinions et la participation équitable des partis et groupements politiques à la vie démocratique de la Nation.

Titre II
Le Président de la République

Article 5
Le Président de la République veille au respect de la Constitution. Il assure, par son arbitrage, le fonctionnement régulier des pouvoirs publics ainsi que la continuité de l'État.
Il est le garant de l'indépendance nationale, de l'intégrité du territoire_*et* du respect des ~~accords de Communauté et des~~ traités.

Article 6

Le Président de la République est élu pour ~~sept~~ *cinq* ans ~~par un collège électoral comprenant les membres du Parlement, des conseils généraux et des assemblées des Territoires d'Outre-Mer, ainsi que les représentants élus des conseils municipaux~~ *au suffrage universel direct.*
~~Ces représentants sont :~~
~~- le maire pour les communes de moins de 1000 habitants ;~~
~~- le maire et le premier adjoint pour les communes de 1000 à 2000 habitants ;~~
~~- le maire, le premier adjoint et un conseiller municipal pris dans l'ordre du tableau pour les communes de 2001 à 2500 habitants;~~
~~- le maire et les deux premiers adjoints pour les communes de 2501 à 3000 habitants ;~~
~~- le maire, les deux premiers adjoints et trois conseillers municipaux pris dans l'ordre du tableau pour les communes de 3001 à 6000 habitants ;~~
~~- le maire, les deux premiers adjoints et six conseillers municipaux pris dans l'ordre du tableau pour les communes de 6001 à 9000 habitants ;~~
~~- tous les conseillers municipaux pour les communes de plus de 9000 habitants ;~~
~~- en outre, pour les communes de plus de 30 000 habitants, des délégués désignés par le conseil municipal à raison de un pour 1000 habitants en sus de 30 000.~~
~~Dans les Territoires d'Outre-Mer de la République, font aussi partie du collège électoral les représentants élus des conseils des collectivités administratives dans les conditions déterminées par une loi organique.~~
~~La participation des États membres de la Communauté au collège électoral du Président de la République est fixée par accord entre la République et les États membres de la Communauté.~~
Nul ne peut exercer plus de deux mandats consécutifs.
Les modalités d'application du présent article sont fixées par une loi organique.

Article 7

~~L'élection du Président de la République a lieu à la majorité absolue au premier tour. Si celle-ci n'est pas obtenue, le Président de la République est élu au second tour à la majorité relative.~~ *Le Président de la République est élu à la majorité absolue des suffrages exprimés. Si celle-ci n'est pas obtenue au premier tour de scrutin, il est procédé le quatorzième jour suivant, à un second tour. Seuls peuvent s'y présenter les deux candidats qui, le cas échéant après retrait de candidats plus favorisés, se trouvent avoir recueilli le plus grand nombre de suffrages au premier tour.*

Le scrutin est ouvert sur convocation du Gouvernement.

L'élection du nouveau Président a lieu vingt jours au moins et ~~cinquante~~ *trente-cinq* jours au plus avant l'expiration des pouvoirs du Président en exercice.

En cas de vacance de la Présidence de la République pour quelque cause que ce soit, ou d'empêchement constaté par le Conseil constitutionnel saisi par le Gouvernement et statuant à la majorité absolue de ses membres, les fonctions du Président de la République, à l'exception de celles prévues aux articles 11 et 12 ci-dessous, sont provisoirement exercées par le Président du Sénat *et, si celui-ci est à son tour empêché d'exercer ces fonctions, par le Gouvernement.*

En cas de vacance ou lorsque l'empêchement est déclaré définitif par le Conseil constitutionnel, le scrutin pour l'élection du nouveau Président a lieu, sauf cas de force majeure constaté par le Conseil constitutionnel, vingt jours au moins et ~~cinquante~~ *trente-cinq* jours au plus après l'ouverture de la vacance ou la déclaration du caractère définitif de l'empêchement.

Si, dans les sept jours précédant la date limite du dépôt des présentations de candidatures, une des personnes ayant, moins de trente jours avant cette date, annoncé publiquement sa décision d'être candidate décède ou se trouve empêchée, le Conseil constitutionnel peut décider de reporter l'élection.

Si, avant le premier tour, un des candidats décède ou se trouve empêché, le Conseil constitutionnel prononce le report de l'élection.

En cas de décès ou d'empêchement de l'un des deux candidats les plus favorisés au premier tour avant les retraits éventuels, le Conseil constitutionnel déclare qu'il doit être procédé de nouveau à l'ensemble des opérations électorales ; il en est de même en cas de décès ou d'empêchement de l'un des deux candidats restés en présence en vue du second tour.

Dans tous les cas, le Conseil constitutionnel est saisi dans les conditions fixées au deuxième alinéa de l'article 61 ci-dessous ou dans celles déterminées pour la présentation d'un candidat par la loi organique prévue à l'article 6 ci-dessus.

Le Conseil constitutionnel peut proroger les délais prévus aux troisième et cinquième alinéas sans que le scrutin puisse avoir lieu plus de trente-cinq jours après la date de la décision du Conseil constitutionnel. Si l'application des dispositions du présent alinéa a eu pour effet de reporter l'élection à une date postérieure à l'expiration des pouvoirs du Président en exercice, celui-ci demeure en fonction jusqu'à la proclamation de son successeur.

Il ne peut être fait application ni des articles 49 et 50 ni de l'article 89 de la Constitution durant la vacance de la Présidence de la République ou durant la période qui s'écoule entre la déclaration du caractère définitif de l'empêchement du Président de la République et l'élection de son successeur.

Article 8

Le Président de la République nomme le Premier ministre. Il met fin à ses fonctions sur la présentation par celui-ci de la démission du Gouvernement.

Sur la proposition du Premier ministre, il nomme les autres membres du Gouvernement et met fin à leurs fonctions.

Article 9

Le Président de la République préside le Conseil des ministres.

Article 10

Le Président de la République promulgue les lois dans les quinze jours qui suivent la transmission au Gouvernement de la loi définitivement adoptée.

Il peut, avant l'expiration de ce délai, demander au Parlement une nouvelle délibération de la loi ou de certains de ses articles. Cette nouvelle délibération ne peut être refusée.

Article 11

Le Président de la République, sur proposition du Gouvernement pendant la durée des sessions ou sur proposition conjointe des deux assemblées, publiées au Journal officiel, peut soumettre au référendum tout projet de loi portant sur l'organisation des pouvoirs publics, ~~comportant approbation d'un accord~~ **sur des réformes relatives à la politique économique, sociale ou environnementale** de ~~Communauté~~ *la Nation et aux services publics qui y concourent,* ou tendant à autoriser la ratification d'un traité qui, sans être contraire à la Constitution, aurait des incidences sur le fonctionnement des institutions.

Lorsque le référendum ~~a conclu à l'adoption du projet, le Président de la République le promulgue dans le délai prévu à l'article précédent~~ *est organisé sur proposition du Gouvernement, celui-ci fait, devant chaque assemblée, une déclaration qui est suivie d'un débat.*

Un référendum portant sur un objet mentionné au premier alinéa peut être organisé à l'initiative d'un cinquième des membres du Parlement, soutenue par un dixième des électeurs inscrits sur les listes électorales. Cette initiative prend la forme d'une proposition de loi et ne peut avoir pour objet l'abrogation d'une disposition législative promulguée depuis moins d'un an.

Les conditions de sa présentation et celles dans lesquelles le Conseil constitutionnel contrôle le respect des dispositions de l'alinéa précédent sont déterminées par une loi organique.
Si la proposition de loi n'a pas été examinée par les deux assemblées dans un délai fixé par la loi organique, le Président de la République la soumet au référendum.
Lorsque la proposition de loi n'est pas adoptée par le peuple français, aucune nouvelle proposition de référendum portant sur le même sujet ne peut être présentée avant l'expiration d'un délai de deux ans suivant la date du scrutin.
Lorsque le référendum a conclu à l'adoption du projet ou de la proposition de loi, le Président de la République promulgue la loi dans les quinze jours qui suivent la proclamation des résultats de la consultation.

Article 12

Le Président de la République peut, après consultation du Premier ministre et des Présidents des assemblées, prononcer la dissolution de l'Assemblée nationale.

Les élections générales ont lieu vingt jours au moins et quarante jours au plus après la dissolution.

L'Assemblée nationale se réunit de plein droit le deuxième jeudi qui suit son élection. Si cette réunion a lieu en dehors de la période prévue pour ~~les sessions ordinaires~~ *la session ordinaire*, une session est ouverte de droit pour une durée de quinze jours.

Il ne peut être procédé à une nouvelle dissolution dans l'année qui suit ces élections.

Article 13

Le Président de la République signe les ordonnances et les décrets délibérés en Conseil des ministres.

Il nomme aux emplois civils et militaires de l'État.

Les conseillers d'État, le grand chancelier de la Légion d'honneur, les ambassadeurs et envoyés extraordinaires, les conseillers maîtres à la Cour des comptes, les préfets, les représentants ~~du Gouvernement dans les Territoires d'Outre-Mer,~~ *de l'État dans les collectivités d'outre-mer régies par l'article 74 et en Nouvelle-Calédonie,* les officiers généraux, les recteurs des académies, les directeurs des administrations centrales sont nommés en Conseil des ministres.

Une loi organique détermine les autres emplois auxquels il est pourvu en Conseil des ministres ainsi que les conditions dans lesquelles le pouvoir de nomination du Président de la République peut être par lui délégué pour être exercé en son nom.

Une loi organique détermine les emplois ou fonctions, autres que ceux mentionnés au troisième alinéa, pour lesquels, en raison de leur importance pour la garantie des droits et libertés ou la vie économique et sociale de la Nation, le pouvoir de nomination du Président de la République s'exerce après avis public de la commission permanente compétente de chaque assemblée. Le Président de la République ne peut procéder à une nomination lorsque l'addition des votes négatifs dans chaque commission représente au moins trois cinquièmes des suffrages exprimés au sein des deux commissions. La loi détermine les commissions permanentes compétentes selon les emplois ou fonctions concernés.

Article 14
Le Président de la République accrédite les ambassadeurs et les envoyés extraordinaires auprès des puissances étrangères ; les ambassadeurs et les envoyés extraordinaires étrangers sont accrédités auprès de lui.

Article 15
Le Président de la République est le chef des armées. Il préside les conseils et comités supérieurs de la Défense nationale.

Article 16

Lorsque les institutions de la République, l'indépendance de la Nation, l'intégrité de son territoire ou l'exécution de ses engagements internationaux sont menacées d'une manière grave et immédiate et que le fonctionnement régulier des pouvoirs publics constitutionnels est interrompu, le Président de la République prend les mesures exigées par ces circonstances, après consultation officielle du Premier ministre, des Présidents des assemblées ainsi que du Conseil constitutionnel.
Il en informe la Nation par un message.
Ces mesures doivent être inspirées par la volonté d'assurer aux pouvoirs publics constitutionnels, dans les moindres délais, les moyens d'accomplir leur mission. Le Conseil constitutionnel est consulté à leur sujet.
Le Parlement se réunit de plein droit.
L'Assemblée nationale ne peut être dissoute pendant l'exercice des pouvoirs exceptionnels.
Après trente jours d'exercice des pouvoirs exceptionnels, le Conseil constitutionnel peut être saisi par le Président de l'Assemblée nationale, le Président du Sénat, soixante députés ou soixante sénateurs, aux fins d'examiner si les conditions énoncées au premier alinéa demeurent réunies. Il se prononce dans les délais les plus brefs par un avis public. Il procède de plein droit à cet examen et se prononce dans les mêmes conditions au terme de soixante jours d'exercice des pouvoirs exceptionnels et à tout moment au-delà de cette durée.

Article 17
Le Président de la République a le droit de faire grâce *à titre individuel*.

Article 18
Le Président de la République communique avec les deux assemblées du Parlement par des messages qu'il fait lire et qui ne donnent lieu à aucun débat.
~~Hors session,~~ *Il peut prendre la parole devant* le Parlement ~~est~~ réuni *à cet effet en Congrès. Sa déclaration peut donner lieu, hors sa présence, à un débat qui ne fait l'objet d'aucun vote.*
Hors session, les assemblées parlementaires sont réunies spécialement à cet effet.

Article 19

Les actes du Président de la République autres que ceux prévus aux articles 8 (premier alinéa), 11, 12, 16, 18, 54, 56 et 61 sont contresignés par le Premier ministre et, le cas échéant, par les ministres responsables.

Titre III
Le Gouvernement

Article 20
Le Gouvernement détermine et conduit la politique de la Nation.
Il dispose de l'administration et de la force armée.
Il est responsable devant le Parlement dans les conditions et suivant les procédures prévues aux articles 49 et 50.

Article 21
Le Premier ministre dirige l'action du Gouvernement. Il est responsable de la Défense nationale. Il assure l'exécution des lois. Sous réserve des dispositions de l'article 13, il exerce le pouvoir réglementaire et nomme aux emplois civils et militaires.
Il peut déléguer certains de ses pouvoirs aux ministres.
Il supplée, le cas échéant, le Président de la République dans la présidence des conseils et comités prévus à l'article 15.
Il peut, à titre exceptionnel, le suppléer pour la présidence d'un Conseil des ministres en vertu d'une délégation expresse et pour un ordre du jour déterminé.

Article 22
Les actes du Premier ministre sont contresignés, le cas échéant, par les ministres chargés de leur exécution.

Article 23
Les fonctions de membre du Gouvernement sont incompatibles avec l'exercice de tout mandat parlementaire, de toute fonction de représentation professionnelle à caractère national et de tout emploi public ou de toute activité professionnelle.
Une loi organique fixe les conditions dans lesquelles il est pourvu au remplacement des titulaires de tels mandats, fonctions ou emplois.
Le remplacement des membres du Parlement a lieu conformément aux dispositions de l'article 25.

Titre IV
Le Parlement

Article 24
Le Parlement *vote la loi. Il contrôle l'action du Gouvernement. Il évalue les politiques publiques.*
Il comprend l'Assemblée nationale et le Sénat.
Les députés à l'Assemblée nationale*, dont le nombre ne peut excéder cinq cent soixante-dix-sept,* sont élus au suffrage direct.
Le Sénat, *dont le nombre de membres ne peut excéder trois cent quarante-huit,* est élu au suffrage indirect. Il assure la représentation des collectivités territoriales de la République.
Les Français établis hors de France sont représentés *à l'Assemblée nationale et* au Sénat.

Article 25
Une loi organique fixe la durée des pouvoirs de chaque assemblée, le nombre de ses membres, leur indemnité, les conditions d'éligibilité, le régime des inéligibilités et des incompatibilités.
Elle fixe également les conditions dans lesquelles sont élues les personnes appelées à assurer, en cas de vacance du siège, le remplacement des députés ou des sénateurs jusqu'au renouvellement général ou partiel de l'assemblée à laquelle ils appartenaient *ou leur remplacement temporaire en cas d'acceptation par eux de fonctions gouvernementales.*
Une commission indépendante, dont la loi fixe la composition et les règles d'organisation et de fonctionnement, se prononce par un avis public sur les projets de texte et propositions de loi délimitant les circonscriptions pour l'élection des députés ou modifiant la répartition des sièges de députés ou de sénateurs.

Article 26
Aucun membre du Parlement ne peut être poursuivi, recherché, arrêté, détenu ou jugé à l'occasion des opinions ou votes émis par lui dans l'exercice de ses fonctions.

Aucun membre du Parlement ne peut, ~~pendant la durée des sessions, être poursuivi ou arrêté~~ *faire l'objet*, en matière criminelle ou correctionnelle ~~qu'avec l'autorisation~~ , *d'une arrestation ou* de ~~l'assemblée~~ *toute autre mesure privative ou restrictive de liberté qu'avec l'autorisation du Bureau de l'assemblée* dont il fait partie, ~~sauf le cas de~~ . *Cette autorisation n'est pas requise en cas de crime ou* <u>délit flagrant</u>~~délit.~~

~~Aucun membre du Parlement ne peut, hors session, être arrêté qu'avec l'autorisation du bureau de l'assemblée dont il fait partie, sauf le cas de flagrant délit, de poursuites autorisées ou de condamnation définitive.~~

La détention*, les mesures privatives ou restrictives de liberté* ou la poursuite d'un membre du Parlement ~~est suspendue~~ *sont suspendues pour la durée de la session* si l'assemblée dont il fait partie le requiert.

L'assemblée intéressée est réunie de plein droit pour des séances supplémentaires pour permettre, le cas échéant, l'application de l'alinéa ci-dessus.

Article 27

Tout mandat impératif est nul.

Le droit de vote des membres du Parlement est personnel.

La loi organique peut autoriser exceptionnellement la délégation de vote. Dans ce cas, nul ne peut recevoir délégation de plus d'un mandat.

Article 28

Le Parlement se réunit de plein droit en ~~deux sessions ordinaires par La première~~ *une* session *ordinaire qui* commence le premier ~~mardi d'octobre~~ *jour ouvrable d'octobre* et prend fin le ~~troisième vendredi~~ *dernier jour ouvrable* de ~~décembre~~ *juin*.

~~La seconde~~ *Le nombre de jours de séance que chaque assemblée peut tenir au cours de la* session ~~s'ouvre le dernier mardi d'avril ; sa durée~~ *ordinaire* ne peut excéder ~~trois mois~~ *cent vingt. Les semaines de séance sont fixées par chaque assemblée.*

Le Premier ministre, après consultation du président de l'assemblée concernée, ou la majorité des membres de chaque assemblée peut décider la tenue de jours supplémentaires de séance.

Les jours et les horaires des séances sont déterminés par le règlement de chaque assemblée.

Article 29

Le Parlement est réuni en session extraordinaire à la demande du Premier ministre ou de la majorité des membres composant l'Assemblée nationale, sur un ordre du jour déterminé.

Lorsque la session extraordinaire est tenue à la demande des membres de l'Assemblée nationale, le décret de clôture intervient dès que le Parlement a épuisé l'ordre du jour pour lequel il a été convoqué et au plus tard douze jours à compter de sa réunion.
Le Premier ministre peut seul demander une nouvelle session avant l'expiration du mois qui suit le décret de clôture.

Article 30
Hors les cas dans lesquels le Parlement se réunit de plein droit, les sessions extraordinaires sont ouvertes et closes par décret du Président de la République.

Article 31
Les membres du Gouvernement ont accès aux deux assemblées. Ils sont entendus quand ils le demandent.
Ils peuvent se faire assister par des commissaires du Gouvernement.

Article 32
Le Président de l'Assemblée nationale est élu pour la durée de la législature. Le Président du Sénat est élu après chaque renouvellement partiel.

Article 33
Les séances des deux assemblées sont publiques. Le compte rendu intégral des débats est publié au Journal officiel.
Chaque assemblée peut siéger en comité secret à la demande du Premier ministre ou d'un dixième de ses membres.

Titre V
Des rapports entre le Parlement et le Gouvernement

Article 34
~~La loi est votée par le Parlement.~~
La loi fixe les règles concernant :
– les droits civiques et les garanties fondamentales accordées aux citoyens pour l'exercice des libertés publiques *; la liberté, le pluralisme et l'indépendance des médias* ; les sujétions imposées par la Défense nationale aux citoyens en leur personne et en leurs biens ;
– la nationalité, l'état et la capacité des personnes, les régimes matrimoniaux, les successions et libéralités ;
– la détermination des crimes et délits ainsi que les peines qui leur sont applicables ; la procédure pénale ; l'amnistie ; la création de nouveaux ordres de juridiction et le statut des magistrats ;
– l'assiette, le taux et les modalités de recouvrement des impositions de toutes natures ; le régime d'émission de la monnaie.

La loi fixe également les règles concernant :
– le régime électoral des assemblées parlementaires et des assemblées locales *et des instances représentatives des Français établis hors de France ainsi que les conditions d'exercice des mandats électoraux et des fonctions électives des membres des assemblées délibérantes des collectivités territoriales ;*
– la création de catégories d'établissements publics ;
– les garanties fondamentales accordées aux fonctionnaires civils et militaires de l'État ;
– les nationalisations d'entreprises et les transferts de propriété d'entreprises du secteur public au secteur privé.
La loi détermine les principes fondamentaux :
– de l'organisation générale de la Défense nationale ;
– de la libre administration des collectivités locales *territoriales*, de leurs compétences et de leurs ressources ;
– de l'enseignement ;
– de la préservation de l'environnement ;
– du régime de la propriété, des droits réels et des obligations civiles et commerciales ;
– du droit du travail, du droit syndical et de la sécurité sociale.
Les lois de finances déterminent les ressources et les charges de l'État dans les conditions et sous les réserves prévues par une loi organique.
Des lois de programme déterminent les objectifs de l'action économique et sociale de l'État.
Les lois de financement de la sécurité sociale déterminent les conditions générales de son équilibre financier et, compte tenu de leurs prévisions de recettes, fixent ses objectifs de dépenses, dans les conditions et sous les réserves prévues par une loi organique.
Des lois de programmation déterminent les objectifs de l'action de l'État.
Les orientations pluriannuelles des finances publiques sont définies par des lois de programmation. Elles s'inscrivent dans l'objectif d'équilibre des comptes des administrations publiques.
Les dispositions du présent article pourront être précisées et complétées par une loi organique.

Article 34-1
Les assemblées peuvent voter des résolutions dans les conditions fixées par la loi organique.
Sont irrecevables et ne peuvent être inscrites à l'ordre du jour les propositions de résolution dont le Gouvernement estime que leur adoption ou leur rejet serait de nature à mettre en

cause sa responsabilité ou qu'elles contiennent des injonctions à son égard.

Article 35
La déclaration de guerre est autorisée par le Parlement.
Le Gouvernement informe le Parlement de sa décision de faire intervenir les forces armées à l'étranger, au plus tard trois jours après le début de l'intervention. Il précise les objectifs poursuivis. Cette information peut donner lieu à un débat qui n'est suivi d'aucun vote.
Lorsque la durée de l'intervention excède quatre mois, le Gouvernement soumet sa prolongation à l'autorisation du Parlement. Il peut demander à l'Assemblée nationale de décider en dernier ressort.
Si le Parlement n'est pas en session à l'expiration du délai de quatre mois, il se prononce à l'ouverture de la session suivante.

Article 36
L'état de siège est décrété en Conseil des ministres.
Sa prorogation au-delà de douze jours ne peut être autorisée que par le Parlement.

Article 37
Les matières autres que celles qui sont du domaine de la loi ont un caractère réglementaire.
Les textes de forme législative intervenus en ces matières peuvent être modifiés par décrets pris après avis du Conseil d'État. Ceux de ces textes qui interviendraient après l'entrée en vigueur de la présente Constitution ne pourront être modifiés par décret que si le Conseil constitutionnel a déclaré qu'ils ont un caractère réglementaire en vertu de l'alinéa précédent.

Article 37-1
La loi et le règlement peuvent comporter, pour un objet et une durée limités, des dispositions à caractère expérimental.

Article 38
Le Gouvernement peut, pour l'exécution de son programme, demander au Parlement l'autorisation de prendre par ordonnances, pendant un délai limité, des mesures qui sont normalement du domaine de la loi.

Les ordonnances sont prises en Conseil des ministres après avis du Conseil d'État. Elles entrent en vigueur dès leur publication mais deviennent caduques si le projet de loi de ratification n'est pas déposé devant le Parlement avant la date fixée par la loi d'habilitation. ***Elles ne peuvent être ratifiées que de manière expresse.***

À l'expiration du délai mentionné au premier alinéa du présent article, les ordonnances ne peuvent plus être modifiées que par la loi dans les matières qui sont du domaine législatif.

Article 39

L'initiative des lois appartient concurremment au Premier ministre et aux membres du Parlement.

Les projets de loi sont délibérés en Conseil des ministres après avis du Conseil d'État et déposés sur le bureau de l'une des deux assemblées. Les projets de loi de finances ***et de loi de financement de la sécurité sociale*** sont soumis en premier lieu à l'Assemblée nationale. ***Sans préjudice du premier alinéa de l'article 44, les projets de loi ayant pour principal objet l'organisation des collectivités territoriales sont soumis en premier lieu au Sénat.***

La présentation des projets de loi déposés devant l'Assemblée nationale ou le Sénat répond aux conditions fixées par une loi organique.

Les projets de loi ne peuvent être inscrits à l'ordre du jour si la Conférence des présidents de la première assemblée saisie constate que les règles fixées par la loi organique sont méconnues. En cas de désaccord entre la Conférence des présidents et le Gouvernement, le président de l'assemblée intéressée ou le Premier ministre peut saisir le Conseil constitutionnel qui statue dans un délai de huit jours.

Dans les conditions prévues par la loi, le président d'une assemblée peut soumettre pour avis au Conseil d'État, avant son examen en commission, une proposition de loi déposée par l'un des membres de cette assemblée, sauf si ce dernier s'y oppose.

Article 40

Les propositions et amendements formulés par les membres du Parlement ne sont pas recevables lorsque leur adoption aurait pour conséquence soit une diminution des ressources publiques, soit la création ou l'aggravation d'une charge publique.

Article 41

S'il apparaît au cours de la procédure législative qu'une proposition ou un amendement n'est pas du domaine de la loi ou est contraire à une délégation accordée en vertu de l'article 38, le Gouvernement ***ou le président de l'assemblée saisie*** peut opposer l'irrecevabilité.

En cas de désaccord entre le Gouvernement et le président de l'assemblée intéressée, le Conseil constitutionnel, à la demande de l'un ou de l'autre, statue dans un délai de huit jours.

Article 42
La discussion des projets ~~de loi porte,~~ *et des propositions de loi porte, en séance, sur le texte adopté par la commission saisie en application de l'article 43 ou, à défaut, sur le texte dont l'assemblée a été saisie.*
Toutefois, la discussion en séance des projets de révision constitutionnelle, des projets de loi de finances et des projets de loi de financement de la sécurité sociale porte, en première lecture devant la première assemblée saisie, sur le texte présenté par le Gouvernement *et, pour les autres lectures, sur le texte transmis par l'autre assemblée.*
~~Une assemblée saisie d'un texte voté par l'autre assemblée délibère sur le texte qui lui est transmis.~~*La discussion en séance, en première lecture, d'un projet ou d'une proposition de loi ne peut intervenir, devant la première assemblée saisie, qu'à l'expiration d'un délai de six semaines après son dépôt. Elle ne peut intervenir, devant la seconde assemblée saisie, qu'à l'expiration d'un délai de quatre semaines à compter de sa transmission.*
L'alinéa précédent ne s'applique pas si la procédure accélérée a été engagée dans les conditions prévues à l'article 45. Il ne s'applique pas non plus aux projets de loi de finances, aux projets de loi de financement de la sécurité sociale et aux projets relatifs aux états de crise.

Article 43
Les projets et propositions de loi sont ~~, à la demande du Gouvernement ou de l'assemblée qui en est saisie,~~ envoyés pour examen à ~~des commissions spécialement désignées à cet effet.Les projets et propositions pour lesquels une telle demande n'a pas été faite sont envoyés à~~ l'une des commissions permanentes dont le nombre est limité à ~~six~~ *huit* dans chaque assemblée.
À la demande du Gouvernement ou de l'assemblée qui en est saisie, les projets ou propositions de loi sont envoyés pour examen à une commission spécialement désignée à cet effet.

Article 44
Les membres du Parlement et le Gouvernement ont le droit d'amendement. *Ce droit s'exerce en séance ou en commission selon les conditions fixées par les règlements des assemblées, dans le cadre déterminé par une loi organique.*

Après l'ouverture du débat, le Gouvernement peut s'opposer à l'examen de tout amendement qui n'a pas été antérieurement soumis à la commission.

Si le Gouvernement le demande, l'assemblée saisie se prononce par un seul vote sur tout ou partie du texte en discussion en ne retenant que les amendements proposés ou acceptés par le Gouvernement.

Article 45

Tout projet ou proposition de loi est examiné successivement dans les deux assemblées du Parlement en vue de l'adoption d'un texte identique. ***Sans préjudice de l'application des articles 40 et 41, tout amendement est recevable en première lecture dès lors qu'il présente un lien, même indirect, avec le texte déposé ou transmis.***

Lorsque, par suite d'un désaccord entre les deux assemblées, un projet ou une proposition de loi n'a pu être adopté après deux lectures par chaque assemblée ou, si le Gouvernement a ~~déclaré l'urgence~~ ***décidé d'engager la procédure accélérée sans que les Conférences des présidents s'y soient conjointement opposées***, après une seule lecture par chacune d'entre elles, le Premier ministre ~~a~~ ***ou, pour une proposition de loi, les présidents des deux assemblées agissant conjointement, ont*** la faculté de provoquer la réunion d'une commission mixte paritaire chargée de proposer un texte sur les dispositions restant en discussion.

Le texte élaboré par la commission mixte peut être soumis par le Gouvernement pour approbation aux deux assemblées. Aucun amendement n'est recevable sauf accord du Gouvernement.

Si la commission mixte ne parvient pas à l'adoption d'un texte commun ou si ce texte n'est pas adopté dans les conditions prévues à l'alinéa précédent, le Gouvernement peut, après une nouvelle lecture par l'Assemblée nationale et par le Sénat, demander à l'Assemblée nationale de statuer définitivement. En ce cas, l'Assemblée nationale peut reprendre soit le texte élaboré par la commission mixte, soit le dernier texte voté par elle, modifié le cas échéant par un ou plusieurs des amendements adoptés par le Sénat.

Article 46

Les lois auxquelles la Constitution confère le caractère de lois organiques sont votées et modifiées dans les conditions suivantes.

Le projet ou la proposition ~~n'est~~ ***ne peut, en première lecture, être*** soumis à la délibération et au vote ***des assemblées qu'à l'expiration des délais fixés au troisième alinéa de l'article 42. Toutefois, si la procédure accélérée a été engagée dans les conditions prévues à l'article 45, le projet ou la proposition ne*** *peut être soumis à la délibération* de la première assemblée saisie ~~qu'à l'expiration d'un~~ *avant l'expiration d'un* délai de quinze jours après son dépôt.

La procédure de l'article 45 est applicable. Toutefois, faute d'accord entre les deux assemblées, le texte ne peut être adopté par l'Assemblée nationale en dernière lecture qu'à la majorité absolue de ses membres.

Les lois organiques relatives au Sénat doivent être votées dans les mêmes termes par les deux assemblées.

Les lois organiques ne peuvent être promulguées qu'après déclaration par le Conseil constitutionnel de leur conformité à la Constitution.

Article 47

Le Parlement vote les projets de loi de finances dans les conditions prévues par une loi organique.

Si l'Assemblée nationale ne s'est pas prononcée en première lecture dans le délai de quarante jours après le dépôt d'un projet, le Gouvernement saisit le Sénat qui doit statuer dans un délai de quinze jours. Il est ensuite procédé dans les conditions prévues à l'article 45.

Si le Parlement ne s'est pas prononcé dans un délai de soixante-dix jours, les dispositions du projet peuvent être mises en vigueur par ordonnance.

Si la loi de finances fixant les ressources et les charges d'un exercice n'a pas été déposée en temps utile pour être promulguée avant le début de cet exercice, le Gouvernement demande d'urgence au Parlement l'autorisation de percevoir les impôts et ouvre par décret les crédits se rapportant aux services votés.

Les délais prévus au présent article sont suspendus lorsque le Parlement n'est pas en session.

Article 47-1

Le Parlement vote les projets de loi de financement de la sécurité sociale dans les conditions prévues par une loi organique.

Si l'Assemblée nationale ne s'est pas prononcée en première lecture dans le délai de vingt jours après le dépôt d'un projet, le Gouvernement saisit le Sénat qui doit statuer dans un délai de quinze jours. Il est ensuite procédé dans les conditions prévues à l'article 45.

Si le Parlement ne s'est pas prononcé dans un délai de cinquante jours, les dispositions du projet peuvent être mises en œuvre par ordonnance.

Les délais prévus au présent article sont suspendus lorsque le Parlement n'est pas en session et, pour chaque assemblée, au cours des semaines où elle a décidé de ne pas tenir séance, conformément au deuxième alinéa de l'article 28.

Article 47-2

La Cour des comptes assiste le Parlement ~~et le Gouvernement~~ dans le contrôle de ~~l'exécution~~ *l'action du Gouvernement. Elle assiste le Parlement et le Gouvernement dans le contrôle de l'exécution* des lois de finances *et de l'application des lois de financement de la sécurité sociale ainsi que dans l'évaluation des politiques publiques. Par ses rapports publics, elle contribue à l'information des citoyens.*
Les comptes des administrations publiques sont réguliers et sincères. Ils donnent une image fidèle du résultat de leur gestion, de leur patrimoine et de leur situation financière.

Article 48

~~L'ordre~~ *Sans préjudice de l'application des trois derniers alinéas de l'article 28, l'ordre* du jour ~~des assemblées comporte,~~ *est fixé par chaque assemblée.*
Deux semaines de séance sur quatre sont réservées par priorité, et dans l'ordre que le Gouvernement a fixé, ~~la discussion~~ *à l'examen des textes et aux débats dont il demande l'inscription à l'ordre du jour.*
En outre, l'examen des projets de loi ~~déposés par le~~ *de finances, des projets de loi de financement de la sécurité sociale et, sous réserve des dispositions de l'alinéa suivant, des textes transmis par l'autre assemblée depuis six semaines au moins, des projets relatifs aux états de crise et des demandes d'autorisation visées à l'article 35 est, à la demande du* Gouvernement ~~et des propositions de loi acceptées par lui~~ *inscrit à l'ordre du jour par priorité.*
Une semaine de séance sur quatre est réservée par priorité et dans l'ordre fixé par chaque assemblée au contrôle de l'action du Gouvernement et à l'évaluation des politiques publiques.
Un jour de séance par mois est réservé à un ordre du jour arrêté par chaque assemblée à l'initiative des groupes d'opposition de l'assemblée intéressée ainsi qu'à celle des groupes minoritaires.
Une séance par semaine au moins, *y compris pendant les sessions extraordinaires prévues à l'article 29,* est réservée par priorité aux questions des membres du Parlement et aux réponses du Gouvernement.

Article 49

Le Premier ministre, après délibération du Conseil des ministres, engage devant l'Assemblée nationale la responsabilité du

Gouvernement sur son programme ou éventuellement sur une déclaration de politique générale.

L'Assemblée nationale met en cause la responsabilité du Gouvernement par le vote d'une motion de censure. Une telle motion n'est recevable que si elle est signée par un dixième au moins des membres de l'Assemblée nationale. Le vote ne peut avoir lieu que quarante-huit heures après son dépôt. Seuls sont recensés les votes favorables à la motion de censure qui ne peut être adoptée qu'à la majorité des membres composant l'Assemblée. ~~Si la motion de censure est rejetée, ses signataires ne peuvent en proposer une nouvelle au cours de la même session~~. Sauf dans le cas prévu à l'alinéa ci-dessous, *un député ne peut être signataire de plus de trois motions de censure au cours d'une même session ordinaire et de plus d'une au cours d'une même session extraordinaire.*

Le Premier ministre peut, après délibération du Conseil des ministres, engager la responsabilité du Gouvernement devant l'Assemblée nationale sur le vote ~~d'un texte~~ *d'un projet de loi de finances ou de financement de la sécurité sociale.* Dans ce cas, ce ~~texte~~ *projet* est considéré comme adopté, sauf si une motion de censure, déposée dans les vingt-quatre heures qui suivent, est votée dans les conditions prévues à l'alinéa précédent. *Le Premier ministre peut, en outre, recourir à cette procédure pour un autre projet ou une proposition de loi par session.*

Le Premier ministre a la faculté de demander au Sénat l'approbation d'une déclaration de politique générale.

Article 50
Lorsque l'Assemblée nationale adopte une motion de censure ou lorsqu'elle désapprouve le programme ou une déclaration de politique générale du Gouvernement, le Premier ministre doit remettre au Président de la République la démission du Gouvernement.

Article 50-1
Devant l'une ou l'autre des assemblées, le Gouvernement peut, de sa propre initiative ou à la demande d'un groupe parlementaire au sens de l'article 51-1, faire, sur un sujet déterminé, une déclaration qui donne lieu à débat et peut, s'il le décide, faire l'objet d'un vote sans engager sa responsabilité.

Article 51
La clôture *de la session ordinaire ou* des sessions ~~ordinaires ou~~ extraordinaires est de droit retardée pour permettre, le cas échéant, l'application ~~des dispositions~~ de l'article 49. *À cette même fin, des séances supplémentaires sont de droit.*

Article 51-1
Le règlement de chaque assemblée détermine les droits des groupes parlementaires constitués en son sein. Il reconnaît des droits spécifiques aux groupes d'opposition de l'assemblée intéressée ainsi qu'aux groupes minoritaires.

Article 51-2
Pour l'exercice des missions de contrôle et d'évaluation définies au premier alinéa de l'article 24, des commissions d'enquête peuvent être créées au sein de chaque assemblée pour recueillir, dans les conditions prévues par la loi, des éléments d'information.

La loi détermine leurs règles d'organisation et de fonctionnement. Leurs conditions de création sont fixées par le règlement de chaque assemblée.

Titre VI
Des traités et accords internationaux

Article 52
Le Président de la République négocie et ratifie les traités.
Il est informé de toute négociation tendant à la conclusion d'un accord international non soumis à ratification.

Article 53
Les traités de paix, les traités de commerce, les traités ou accords relatifs à l'organisation internationale, ceux qui engagent les finances de l'État, ceux qui modifient des dispositions de nature législative, ceux qui sont relatifs à l'état des personnes, ceux qui comportent cession, échange ou adjonction de territoire, ne peuvent être ratifiés ou approuvés qu'en vertu d'une loi.
Ils ne prennent effet qu'après avoir été ratifiés ou approuvés.
Nulle cession, nul échange, nulle adjonction de territoire n'est valable sans le consentement des populations intéressées.

Article 53-1
La République peut conclure avec les États européens qui sont liés par des engagements identiques aux siens en matière d'asile et de protection des Droits de l'homme et des libertés fondamentales, des accords déterminant leurs compétences respectives pour l'examen des demandes d'asile qui leur sont présentées.
Toutefois, même si la demande n'entre pas dans leur compétence en vertu de ces accords, les autorités de la République ont toujours le droit de donner asile à tout étranger

persécuté en raison de son action en faveur de la liberté ou qui sollicite la protection de la France pour un autre motif.

Article 53-2
La République peut reconnaître la juridiction de la Cour pénale internationale dans les conditions prévues par le traité signé le 18 juillet 1998.

Article 54
Si le Conseil constitutionnel, saisi par le Président de la République, par le Premier ministre ~~ou~~ par le président de l'une ou l'autre assemblée *ou par soixante députés ou soixante sénateurs*, a déclaré qu'un engagement international comporte une clause contraire à la Constitution, l'autorisation de ~~le~~ ratifier ou ~~de l'approuver~~ *d'approuver l'engagement international en cause* ne peut intervenir qu'après la révision de la Constitution.

Article 55
Les traités ou accords régulièrement ratifiés ou approuvés ont, dès leur publication, une autorité supérieure à celle des lois, sous réserve, pour chaque accord ou traité, de son application par l'autre partie.

Titre VII
Le Conseil Constitutionnel

Article 56
Le Conseil constitutionnel comprend neuf membres, dont le mandat dure neuf ans et n'est pas renouvelable. Le Conseil constitutionnel se renouvelle par tiers tous les trois ans. Trois des membres sont nommés par le Président de la République, trois par le Président de l'Assemblée nationale, trois par le Président du Sénat. *La procédure prévue au dernier alinéa de l'article 13 est applicable à ces nominations. Les nominations effectuées par le président de chaque assemblée sont soumises au seul avis de la commission permanente compétente de l'assemblée concernée.*
En sus des neuf membres prévus ci-dessus, font de droit partie à vie du Conseil constitutionnel les anciens Présidents de la République.
Le président est nommé par le Président de la République. Il a voix prépondérante en cas de partage.

Article 57
Les fonctions de membre du Conseil constitutionnel sont incompatibles avec celles de ministre ou de membre du Parlement. Les autres incompatibilités sont fixées par une loi organique.

Article 58

Le Conseil constitutionnel veille à la régularité de l'élection du Président de la République.
Il examine les réclamations et proclame les résultats du scrutin.

Article 59

Le Conseil constitutionnel statue, en cas de contestation, sur la régularité de l'élection des députés et des sénateurs.

Article 60

Le Conseil constitutionnel veille à la régularité des opérations de référendum et *prévues aux articles 11 et 89 et au titre XV. Il* en proclame les résultats.

Article 61

Les lois organiques, avant leur promulgation*, les propositions de loi mentionnées à l'article 11 avant qu'elles ne soient soumises au référendum*, et les règlements des assemblées parlementaires, avant leur mise en application, doivent être soumis au Conseil constitutionnel qui se prononce sur leur conformité à la Constitution. Aux mêmes fins, les lois peuvent être déférées au Conseil constitutionnel, avant leur promulgation, par le Président de la République, le Premier ministre, ou le Président de l'une *l'Assemblée nationale, le Président du Sénat ou soixante députés* ou l'autre assemblée *soixante sénateurs*.
Dans les cas prévus aux deux alinéas précédents, le Conseil constitutionnel doit statuer dans le délai d'un mois. Toutefois, à la demande du Gouvernement, s'il y a urgence, ce délai est ramené à huit jours.
Dans ces mêmes cas, la saisine du Conseil constitutionnel suspend le délai de promulgation.

Article 61-1

Lorsque, à l'occasion d'une instance en cours devant une juridiction, il est soutenu qu'une disposition législative porte atteinte aux droits et libertés que la Constitution garantit, le Conseil constitutionnel peut être saisi de cette question sur renvoi du Conseil d'État ou de la Cour de cassation qui se prononce dans un délai déterminé.
Une loi organique détermine les conditions d'application du présent article.

Article 62

Une disposition déclarée inconstitutionnelle *sur le fondement de l'article 61* ne peut être promulguée ni mise en application.

Une disposition déclarée inconstitutionnelle sur le fondement de l'article 61-1 est abrogée à compter de la publication de la décision du Conseil constitutionnel ou d'une date ultérieure fixée par cette décision. Le Conseil constitutionnel détermine les conditions et limites dans lesquelles les effets que la disposition a produits sont susceptibles d'être remis en cause.
Les décisions du Conseil constitutionnel ne sont susceptibles d'aucun recours. Elles s'imposent aux pouvoirs publics et à toutes les autorités administratives et juridictionnelles.

Article 63
Une loi organique détermine les règles d'organisation et de fonctionnement du Conseil constitutionnel, la procédure qui est suivie devant lui et notamment les délais ouverts pour le saisir de contestations.

Titre VIII
De l'autorité judiciaire

Article 64
Le Président de la République est garant de l'indépendance de l'autorité judiciaire.
Il est assisté par le Conseil supérieur de la magistrature.
Une loi organique porte statut des magistrats.
Les magistrats du siège sont inamovibles.

Article 65

~~Le Conseil supérieur de la magistrature est présidé par le Président de la République. Le Ministre de la Justice en est le vice-président de droit. Il peut suppléer le Président de la République.~~
~~Le Conseil supérieur comprend [*composition*] en outre neuf membres désignés par le Président de la République dans les conditions fixées par une loi organique.~~
~~Le Conseil supérieur de la magistrature fait des propositions pour les nominations de magistrats du siège à la Cour de cassation et pour celles de Premier Président de cour d'appel. Il donne son avis dans les conditions fixées par la loi organique sur les propositions du Ministre de la Justice relatives aux nominations des autres magistrats du siège. Il est consulté sur les grâces dans les conditions fixées par une loi organique.~~
~~Le Conseil supérieur de la magistrature statue comme conseil de discipline des magistrats du siège. Il est alors présidé par le Premier Président de la Cour de cassation.~~

Le Conseil supérieur de la magistrature comprend une formation compétente à l'égard des magistrats du siège et une formation compétente à l'égard des magistrats du parquet.

La formation compétente à l'égard des magistrats du siège est présidée par le premier président de la Cour de cassation. Elle comprend, en outre, cinq magistrats du siège et un magistrat du parquet, un conseiller d'État désigné par le Conseil d'État, un avocat ainsi que six personnalités qualifiées qui n'appartiennent ni au Parlement, ni à l'ordre judiciaire, ni à l'ordre administratif. Le Président de la République, le Président de l'Assemblée nationale et le Président du Sénat désignent chacun deux personnalités qualifiées. La procédure prévue au dernier alinéa de l'article 13 est applicable aux nominations des personnalités qualifiées. Les nominations effectuées par le président de chaque assemblée du Parlement sont soumises au seul avis de la commission permanente compétente de l'assemblée intéressée.

La formation compétente à l'égard des magistrats du parquet est présidée par le procureur général près la Cour de cassation. Elle comprend, en outre, cinq magistrats du parquet et un magistrat du siège, ainsi que le conseiller d'État, l'avocat et les six personnalités qualifiées mentionnés au deuxième alinéa.

La formation du Conseil supérieur de la magistrature compétente à l'égard des magistrats du siège fait des propositions pour les nominations des magistrats du siège à la Cour de cassation, pour celles de premier président de cour d'appel et pour celles de président de tribunal de grande instance. Les autres magistrats du siège sont nommés sur son avis conforme.

La formation du Conseil supérieur de la magistrature compétente à l'égard des magistrats du parquet donne son avis sur les nominations qui concernent les magistrats du parquet.

La formation du Conseil supérieur de la magistrature compétente à l'égard des magistrats du siège statue comme conseil de discipline des magistrats du siège. Elle comprend alors, outre les membres visés au deuxième alinéa, le magistrat du siège appartenant à la formation compétente à l'égard des magistrats du parquet.

La formation du Conseil supérieur de la magistrature compétente à l'égard des magistrats du parquet donne son avis sur les sanctions disciplinaires qui les concernent. Elle comprend alors, outre les membres visés au troisième alinéa, le magistrat du parquet appartenant à la formation compétente à l'égard des magistrats du siège.

Le Conseil supérieur de la magistrature se réunit en formation plénière pour répondre aux demandes d'avis formulées par le Président de la République au titre de l'article 64. Il se prononce, dans la même formation, sur les questions relatives à la déontologie des magistrats ainsi que sur toute question relative au fonctionnement de la justice dont le saisit le ministre de la justice. La formation plénière comprend trois des cinq magistrats du siège mentionnés au deuxième alinéa, trois des cinq magistrats du parquet mentionnés au troisième alinéa, ainsi que le conseiller d'État, l'avocat et les six personnalités qualifiées mentionnés au deuxième alinéa. Elle est présidée par le premier président de la Cour de cassation, que peut suppléer le procureur général près cette cour.
Sauf en matière disciplinaire, le ministre de la justice peut participer aux séances des formations du Conseil supérieur de la magistrature.
Le Conseil supérieur de la magistrature peut être saisi par un justiciable dans les conditions fixées par une loi organique.
La loi organique détermine les conditions d'application du présent article.
NOTA:
Loi constitutionnelle n° 2008-724 du 23 juillet 2008 article 46 I : Les articles 11, 13, le dernier alinéa de l'article 25, les articles 34-1, 39, 44, 56, 61-1, 65, 69, 71-1 et 73 de la Constitution, dans leur rédaction résultant de la présente loi constitutionnelle, entrent en vigueur dans les conditions fixées par les lois et lois organiques nécessaires à leur application.

Article 66

Nul ne peut être arbitrairement détenu.

L'autorité judiciaire, gardienne de la liberté individuelle, assure le respect de ce principe dans les conditions prévues par la loi.

Article 66-1

Nul ne peut être condamné à la peine de mort.

Titre IX
La Haute Cour de Justice

Article 67

~~Il est institué une Haute Cour de Justice.~~
~~Elle est composée de membres élus, en leur sein et en nombre égal, par l'Assemblée Nationale et par le Sénat après chaque renouvellement général ou partiel de ces assemblées. Elle élit son Président parmi ses membres.~~ *Le Président de la République n'est pas responsable des actes accomplis en cette qualité, sous réserve des dispositions des articles 53-2 et 68.*

Il ne peut, durant son mandat et devant aucune juridiction ou autorité administrative française, être requis de témoigner non plus que faire l'objet d'une action, d'un acte d'information, d'instruction ou de poursuite. Tout délai de prescription ou de forclusion est suspendu.
Les instances et procédures auxquelles il est ainsi fait obstacle peuvent être reprises ou engagées contre lui à l'expiration d'un délai d'un mois suivant la cessation des fonctions.

Article 68

~~Le Président de la République n'est responsable des actes accomplis dans l'exercice de ses fonctions qu'en cas de haute trahison. Il ne peut être mis en accusation que par les deux assemblées statuant par un vote identique au scrutin public et à la majorité absolue des membres les composant ; il est jugé par la Haute Cour de justice.~~

~~Les membres du Gouvernement sont pénalement responsables des actes accomplis dans l'exercice de leurs fonctions et qualifiés crimes ou délits au moment où ils ont été commis. La procédure définie ci-dessus leur est applicable ainsi qu'à leurs complices dans le cas de complot contre la sûreté de l'Etat. Dans les cas prévus au présent alinéa, la Haute Cour est liée par la définition des crimes et délits ainsi que par la détermination des peines telles qu'elles résultent des lois pénales en vigueur au moment où les faits ont été commis.~~

Le Président de la République ne peut être destitué qu'en cas de manquement à ses devoirs manifestement incompatible avec l'exercice de son mandat. La destitution est prononcée par le Parlement constitué en Haute Cour.
La proposition de réunion de la Haute Cour adoptée par une des assemblées du Parlement est aussitôt transmise à l'autre qui se prononce dans les quinze jours.
La Haute Cour est présidée par le président de l'Assemblée nationale. Elle statue dans un délai d'un mois, à bulletins secrets, sur la destitution. Sa décision est d'effet immédiat.
Les décisions prises en application du présent article le sont à la majorité des deux tiers des membres composant l'assemblée concernée ou la Haute Cour. Toute délégation de vote est interdite. Seuls sont recensés les votes favorables à la proposition de réunion de la Haute Cour ou à la destitution.
Une loi organique fixe les conditions d'application du présent article.

Article 68-1
Les membres du Gouvernement sont pénalement responsables des actes accomplis dans l'exercice de leurs fonctions et qualifiés crimes ou délits au moment où ils ont été commis. ~~La procédure définie ci-dessus leur est applicable ainsi qu'à leurs complices dans le cas de complot contre la sûreté de l'État. Dans les cas prévus au présent alinéa, la Haute Cour~~
Ils sont jugés par la Cour de justice de la République.
La Cour de justice de la République est liée par la définition des crimes et délits ainsi que par la détermination des peines telles qu'elles résultent ~~des lois pénales~~ *de la loi.*

Article 68-2
La Cour de justice de la République comprend quinze juges : douze parlementaires élus, en leur sein et en nombre égal, par l'Assemblée nationale et par le Sénat après chaque renouvellement général ou partiel de ces assemblées et trois magistrats du siège à la Cour de cassation, dont l'un préside la Cour de justice de la République.
Toute personne qui se prétend lésée par un crime ou un délit commis par un membre du Gouvernement dans l'exercice de ses fonctions peut porter plainte auprès d'une commission des requêtes.
Cette commission ordonne soit le classement de la procédure, soit sa transmission au procureur général près la Cour de cassation aux fins de saisine de la Cour de justice de la République.
Le procureur général près la Cour de cassation peut aussi saisir d'office la Cour de justice de la République sur avis conforme de la commission des requêtes.
Une loi organique détermine les conditions d'application du présent article.

Article 68-3
Les dispositions du présent titre sont applicables aux faits commis avant son entrée en vigueur.

Titre X
Le Conseil Économique et Social

Article 69
Le Conseil économique social *et environnemental*, saisi par le Gouvernement, donne son avis sur les projets de loi, d'ordonnance ou de décret ainsi que sur les propositions de loi qui lui sont soumis.

Un membre du Conseil économique social *et environnemental* peut être désigné par celui-ci pour exposer devant les assemblées parlementaires l'avis du conseil sur les projets ou propositions qui lui ont été soumis.
Le Conseil économique, social et environnemental peut être saisi par voie de pétition dans les conditions fixées par une loi organique. Après examen de la pétition, il fait connaître au Gouvernement et au Parlement les suites qu'il propose d'y donner.

Article 70

Le Conseil économique, social *et environnemental* peut être ~~également~~ consulté par le Gouvernement *et le Parlement* sur tout problème de caractère économique ~~ou social intéressant la République ou la Communauté.~~, *social ou environnemental. Le Gouvernement peut également le consulter sur les projets de loi de programmation définissant les orientations pluriannuelles des finances publiques.* Tout plan ou tout projet de loi de programmation à caractère économique, social ou environnemental lui est soumis pour avis.

Article 71

La composition du Conseil économique, social *et environnemental, dont le nombre de membres ne peut excéder deux cent trente-trois,* et ses règles de fonctionnement sont fixées par une loi organique.

Article 71-1

Le Défenseur des droits veille au respect des droits et libertés par les administrations de l'État, les collectivités territoriales, les établissements publics, ainsi que par tout organisme investi d'une mission de service public, ou à l'égard duquel la loi organique lui attribue des compétences.
Il peut être saisi, dans les conditions prévues par la loi organique, par toute personne s'estimant lésée par le fonctionnement d'un service public ou d'un organisme visé au premier alinéa. Il peut se saisir d'office.
La loi organique définit les attributions et les modalités d'intervention du Défenseur des droits. Elle détermine les conditions dans lesquelles il peut être assisté par un collège pour l'exercice de certaines de ses attributions.
Le Défenseur des droits est nommé par le Président de la République pour un mandat de six ans non renouvelable, après application de la procédure prévue au dernier alinéa de l'article 13. Ses fonctions sont incompatibles avec celles de membre du Gouvernement et de membre du Parlement. Les autres incompatibilités sont fixées par la loi organique.

Le Défenseur des droits rend compte de son activité au Président de la République et au Parlement.

Titre XI
Des collectivités territoriales

Article 72

~~Les collectivités territoriales de la République sont les communes, les départements, les territoires d'Outre-mer. Toute autre collectivité territoriale est créée par la loi.~~
~~Ces collectivités s'administrent librement par des conseils élus et dans les conditions fixées par la loi.~~
~~Dans les départements et les territoires, le délégué du Gouvernement à la charge des intérêts nationaux, du contrôle administratif et du respect des lois.~~

Les collectivités territoriales de la République sont les communes, les départements, les régions, les collectivités à statut particulier et les collectivités d'outre-mer régies par l'article 74. Toute autre collectivité territoriale est créée par la loi, le cas échéant en lieu et place d'une ou de plusieurs collectivités mentionnées au présent alinéa.
Les collectivités territoriales ont vocation à prendre les décisions pour l'ensemble des compétences qui peuvent le mieux être mises en oeuvre à leur échelon.
Dans les conditions prévues par la loi, ces collectivités s'administrent librement par des conseils élus et disposent d'un pouvoir réglementaire pour l'exercice de leurs compétences.
Dans les conditions prévues par la loi organique, et sauf lorsque sont en cause les conditions essentielles d'exercice d'une liberté publique ou d'un droit constitutionnellement garanti, les collectivités territoriales ou leurs groupements peuvent, lorsque, selon le cas, la loi ou le règlement l'a prévu, déroger, à titre expérimental et pour un objet et une durée limités, aux dispositions législatives ou réglementaires qui régissent l'exercice de leurs compétences.
Aucune collectivité territoriale ne peut exercer une tutelle sur une autre. Cependant, lorsque l'exercice d'une compétence nécessite le concours de plusieurs collectivités territoriales, la loi peut autoriser l'une d'entre elles ou un de leurs groupements à organiser les modalités de leur action commune.
Dans les collectivités territoriales de la République, le représentant de l'Etat, représentant de chacun des membres

du Gouvernement, a la charge des intérêts nationaux, du contrôle administratif et du respect des lois.

Article 72-1
La loi fixe les conditions dans lesquelles les électeurs de chaque collectivité territoriale peuvent, par l'exercice du droit de pétition, demander l'inscription à l'ordre du jour de l'assemblée délibérante de cette collectivité d'une question relevant de sa compétence.
Dans les conditions prévues par la loi organique, les projets de délibération ou d'acte relevant de la compétence d'une collectivité territoriale peuvent, à son initiative, être soumis, par la voie du référendum, à la décision des électeurs de cette collectivité.
Lorsqu'il est envisagé de créer une collectivité territoriale dotée d'un statut particulier ou de modifier son organisation, il peut être décidé par la loi de consulter les électeurs inscrits dans les collectivités intéressées. La modification des limites des collectivités territoriales peut également donner lieu à la consultation des électeurs dans les conditions prévues par la loi.

Article 72-2
Les collectivités territoriales bénéficient de ressources dont elles peuvent disposer librement dans les conditions fixées par la loi.
Elles peuvent recevoir tout ou partie du produit des impositions de toutes natures. La loi peut les autoriser à en fixer l'assiette et le taux dans les limites qu'elle détermine.
Les recettes fiscales et les autres ressources propres des collectivités territoriales représentent, pour chaque catégorie de collectivités, une part déterminante de l'ensemble de leurs ressources. La loi organique fixe les conditions dans lesquelles cette règle est mise en œuvre.
Tout transfert de compétences entre l'État et les collectivités territoriales s'accompagne de l'attribution de ressources équivalentes à celles qui étaient consacrées à leur exercice. Toute création ou extension de compétences ayant pour conséquence d'augmenter les dépenses des collectivités territoriales est accompagnée de ressources déterminées par la loi.
La loi prévoit des dispositifs de péréquation destinés à favoriser l'égalité entre les collectivités territoriales.

Article 72-3
La République reconnaît, au sein du peuple français, les populations d'outre-mer, dans un idéal commun de liberté, d'égalité et de fraternité.
La Guadeloupe, la Guyane, la Martinique, La Réunion, Mayotte, Saint-Barthélemy, Saint-Martin, Saint-Pierre-et-Miquelon, les îles Wallis et Futuna et la Polynésie française sont régis par l'article 73 pour les départements et les régions d'outre-mer et pour les collectivités territoriales créées en application du dernier alinéa de l'article 73, et par l'article 74 pour les autres collectivités.
Le statut de la Nouvelle-Calédonie est régi par le titre XIII.
La loi détermine le régime législatif et l'organisation particulière des Terres australes et antarctiques françaises et de Clipperton.

Article 72-4
Aucun changement, pour tout ou partie de l'une des collectivités mentionnées au deuxième alinéa de l'article 72-3, de l'un vers l'autre des régimes prévus par les articles 73 et 74, ne peut intervenir sans que le consentement des électeurs de la collectivité ou de la partie de collectivité intéressée ait été préalablement recueilli dans les conditions prévues à l'alinéa suivant. Ce changement de régime est décidé par une loi organique.
Le Président de la République, sur proposition du Gouvernement pendant la durée des sessions ou sur proposition conjointe des deux assemblées, publiées au Journal officiel, peut décider de consulter les électeurs d'une collectivité territoriale située outre-mer sur une question relative à son organisation, à ses compétences ou à son régime législatif. Lorsque la consultation porte sur un changement prévu à l'alinéa précédent et est organisée sur proposition du Gouvernement, celui-ci fait, devant chaque assemblée, une déclaration qui est suivie d'un débat.

Article 73
Dans les départements et les régions d'outre-mer, les lois et règlements sont applicables de plein droit. Ils peuvent faire l'objet d'adaptations tenant aux caractéristiques et contraintes particulières de ces collectivités.
Ces adaptations peuvent être décidées par ces collectivités dans les matières où s'exercent leurs compétences et si elles y ont été habilitées, selon le cas, par la loi ou par le règlement.
Par dérogation au premier alinéa et pour tenir compte de leurs spécificités, les collectivités régies par le présent article peuvent être habilitées, selon le cas, par la loi ou par le

règlement, à fixer elles-mêmes les règles applicables sur leur territoire, dans un nombre limité de matières pouvant relever du domaine de la loi ou du règlement.

Ces règles ne peuvent porter sur la nationalité, les droits civiques, les garanties des libertés publiques, l'état et la capacité des personnes, l'organisation de la justice, le droit pénal, la procédure pénale, la politique étrangère, la défense, la sécurité et l'ordre publics, la monnaie, le crédit et les changes, ainsi que le droit électoral. Cette énumération pourra être précisée et complétée par une loi organique.

La disposition prévue aux deux précédents alinéas n'est pas applicable au département et à la région de La Réunion.

Les habilitations prévues aux deuxième et troisième alinéas sont décidées, à la demande de la collectivité concernée, dans les conditions et sous les réserves prévues par une loi organique. Elles ne peuvent intervenir lorsque sont en cause les conditions essentielles d'exercice d'une liberté publique ou d'un droit constitutionnellement garanti.

La création par la loi d'une collectivité se substituant à un département et une région d'outre-mer ou l'institution d'une assemblée délibérante unique pour ces deux collectivités ne peut intervenir sans qu'ait été recueilli, selon les formes prévues au second alinéa de l'article 72-4, le consentement des électeurs inscrits dans le ressort de ces collectivités.

Article 74

~~Les territoires d'Outre-Mer de la République ont une organisation particulière tenant compte de leurs intérêts propres dans l'ensemble des intérêts de la République.~~

~~Cette organisation est définie et modifiée par la loi après consultation de l'assemblée territoriale intéressée.~~

Les collectivités d'outre-mer régies par le présent article ont un statut qui tient compte des intérêts propres de chacune d'elles au sein de la République.

Ce statut est défini par une loi organique, adoptée après avis de l'assemblée délibérante, qui fixe :

– les conditions dans lesquelles les lois et règlements y sont applicables ;

– les compétences de cette collectivité ; sous réserve de celles déjà exercées par elle, le transfert de compétences de l'État ne peut porter sur les matières énumérées au quatrième alinéa de l'article 73, précisées et complétées, le cas échéant, par la loi organique ;

– les règles d'organisation et de fonctionnement des institutions de la collectivité et le régime électoral de son assemblée délibérante ;

– *les conditions dans lesquelles ses institutions sont consultées sur les projets et propositions de loi et les projets d'ordonnance ou de décret comportant des dispositions particulières à la collectivité, ainsi que sur la ratification ou l'approbation d'engagements internationaux conclus dans les matières relevant de sa compétence.*

La loi organique peut également déterminer, pour celles de ces collectivités qui sont dotées de l'autonomie, les conditions dans lesquelles :

– le Conseil d'État exerce un contrôle juridictionnel spécifique sur certaines catégories d'actes de l'assemblée délibérante intervenant au titre des compétences qu'elle exerce dans le domaine de la loi ;

– l'assemblée délibérante peut modifier une loi promulguée postérieurement à l'entrée en vigueur du statut de la collectivité, lorsque le Conseil constitutionnel, saisi notamment par les autorités de la collectivité, a constaté que la loi était intervenue dans le domaine de compétence de cette collectivité ;

– des mesures justifiées par les nécessités locales peuvent être prises par la collectivité en faveur de sa population, en matière d'accès à l'emploi, de droit d'établissement pour l'exercice d'une activité professionnelle ou de protection du patrimoine foncier ;

– la collectivité peut participer, sous le contrôle de l'État, à l'exercice des compétences qu'il conserve, dans le respect des garanties accordées sur l'ensemble du territoire national pour l'exercice des libertés publiques.

Les autres modalités de l'organisation particulière des collectivités relevant du présent article sont définies et modifiées par la loi après consultation de leur assemblée délibérante.

Article 74-1

Dans les collectivités d'outre-mer visées à l'article 74 et en Nouvelle-Calédonie, le Gouvernement peut, par ordonnances, dans les matières qui demeurent de la compétence de l'État, étendre, avec les adaptations nécessaires, les dispositions de nature législative en vigueur en métropole ou adapter les dispositions de nature législative en vigueur à l'organisation particulière de la collectivité concernée, sous réserve que la loi n'ait pas expressément exclu, pour les dispositions en cause, le recours à cette procédure.

Les ordonnances sont prises en Conseil des ministres après avis des assemblées délibérantes intéressées et du Conseil d'État. Elles entrent en vigueur dès leur publication. Elles deviennent caduques en l'absence de ratification par le

Parlement dans le délai de dix-huit mois suivant cette publication.

Article 75
Les citoyens de la République qui n'ont pas le statut civil de droit commun, seul visé à l'article 34, conservent leur statut personnel tant qu'ils n'y ont pas renoncé.

Article 75-1
Les langues régionales appartiennent au patrimoine de la France.

Article 76
~~Les territoires d'Outre-Mer peuvent garder leur statut au sein de la République.~~
~~S'ils en manifestent la volonté par délibération de leur assemblée territoriale prise dans le délai prévu au premier alinéa de l'article 91, ils deviennent soit départements d'Outre-Mer de la République, soit, groupés ou non entre eux, États membres de la Communauté.~~
Les populations de la Nouvelle-Calédonie sont appelées à se prononcer avant le 31 décembre 1998 sur les dispositions de l'accord signé à Nouméa le 5 mai 1998 et publié le 27 mai 1998 au Journal officiel de la République française.
Sont admises à participer au scrutin les personnes remplissant les conditions fixées à l'article 2 de la loi n° 88-1028 du 9 novembre 1988.
Les mesures nécessaires à l'organisation du scrutin sont prises par décret en Conseil d'État délibéré en Conseil des ministres.

Titre XII
De la Communauté

Article 77
~~Dans la Communauté instituée par la présente Constitution, les États jouissent de l'autonomie ; ils s'administrent eux-mêmes et gèrent démocratiquement et librement leurs propres affaires.~~
~~Il n'existe qu'une citoyenneté de la Communauté.~~
~~Tous les citoyens sont égaux en droit, quelles que soient leur origine, leur race et leur religion. Ils ont les mêmes devoirs.~~
Après approbation de l'accord lors de la consultation prévue à l'article 76, la loi organique, prise après avis de l'assemblée délibérante de la Nouvelle-Calédonie, détermine, pour assurer l'évolution de la Nouvelle-Calédonie dans le respect des orientations définies par cet accord et selon les modalités nécessaires à sa mise en œuvre :

– les compétences de l'État qui seront transférées, de façon définitive, aux institutions de la Nouvelle-Calédonie, l'échelonnement et les modalités de ces transferts, ainsi que la répartition des charges résultant de ceux-ci ;
– les règles d'organisation et de fonctionnement des institutions de la Nouvelle-Calédonie et notamment les conditions dans lesquelles certaines catégories d'actes de l'assemblée délibérante de la Nouvelle-Calédonie pourront être soumises avant publication au contrôle du Conseil constitutionnel ;
– les règles relatives à la citoyenneté, au régime électoral, à l'emploi et au statut civil coutumier ;
– les conditions et les délais dans lesquels les populations intéressées de la Nouvelle-Calédonie seront amenées à se prononcer sur l'accession à la pleine souveraineté.
Les autres mesures nécessaires à la mise en œuvre de l'accord mentionné à l'article 76 sont définies par la loi.
Pour la définition du corps électoral appelé à élire les membres des assemblées délibérantes de la Nouvelle-Calédonie et des provinces, le tableau auquel se réfèrent l'accord mentionné à l'article 76 et les articles 188 et 189 de la loi organique n° 99-209 du 19 mars 1999 relative à la Nouvelle-Calédonie est le tableau dressé à l'occasion du scrutin prévu audit article 76 et comprenant les personnes non admises à y participer.

Article 78
Le domaine de la compétence de la Communauté comprend la politique étrangère, la défense, la monnaie, la politique économique et financière commune ainsi que la politique des matières premières stratégiques.
Il comprend en outre, sauf accord particulier, le contrôle de la justice, l'enseignement supérieur, l'organisation générale des transports extérieurs et communs et des télécommunications.
Des accords particuliers peuvent créer d'autres compétences communes ou régler tout transfert de compétence de la Communauté à l'un de ses membres.

Article 79
Les États membres bénéficient des dispositions de l'article 77 dès qu'ils ont exercé le choix prévu à l'article 76.
Jusqu'à l'entrée en vigueur des mesures nécessaires à l'application du présent titre, les questions de compétence commune sont réglées par la République.

Article 80
Le Président de la République préside et représente la Communauté.

Celle-ci a pour organes un Conseil exécutif, un Sénat et une Cour arbitrale.

Article 81
Les États membres de la Communauté participent à l'élection du Président dans les conditions prévues à l'article 6.
Le Président de la République, en sa qualité de Président de la Communauté, est représenté dans chaque État de la Communauté.

Article 82
Le Conseil exécutif de la Communauté est présidé par le Président de la Communauté. Il est constitué par le Premier Ministre de la République, les chefs du Gouvernement de chacun des États membres de la Communauté et par les ministres chargés, pour la Communauté, des affaires communes.
Le Conseil exécutif organise la coopération des membres de la Communauté sur le plan gouvernemental et administratif.
L'organisation et le fonctionnement du Conseil exécutif sont fixés par une loi organique.

Article 83
Le Sénat de la Communauté est composé de délégués que le Parlement de la République et les assemblées législatives des autres membres de la Communauté choisissent en leur sein. Le nombre de délégués de chaque État tient compte de sa population et des responsabilités qu'il assume dans la Communauté.
Il tient deux sessions annuelles qui sont ouvertes et closes par le Président de la Communauté et ne peuvent excéder chacune un mois.
Saisi par le Président de la Communauté, il délibère sur la politique économique et financière commune avant le vote des lois prises en la matière par le Parlement de la République et, le cas échéant, par les assemblées législatives des autres membres de la Communauté.
Le Sénat de la Communauté examine les actes et les traités ou accords internationaux visés aux articles 35 et 53 et qui engagent la Communauté.
Il prend des décisions exécutoires dans les domaines où il a reçu délégation des assemblées législatives des membres de la Communauté. Ces décisions sont promulguées dans la même forme que la loi sur le territoire de chacun des États intéressés.
Une loi organique arrête sa composition et fixe ses règles de fonctionnement.

Article 84
Une Cour arbitrale de la Communauté statue sur les litiges survenus entre les membres de la Communauté.

106

~~Sa composition et sa compétence sont fixées par une loi organique.~~

~~Article 85~~
~~Par dérogation à la procédure prévue à l'article 89, les dispositions du présent titre qui concernent le fonctionnement des institutions communes sont révisées par des lois votées dans les mêmes termes par le Parlement de la République et par le Sénat de la Communauté.~~

~~Article 86~~
~~La transformation du statut d'un État membre de la Communauté peut être demandée soit par la République, soit par une résolution de l'assemblée législative de l'État intéressé confirmée par un référendum local dont l'organisation et le contrôle sont assurés par les institutions de la Communauté. Les modalités de cette transformation sont déterminées par un accord approuvé par le Parlement de la République et l'assemblée législative intéressée.~~
~~Dans les mêmes conditions, un État membre de la Communauté peut devenir indépendant. Il cesse de ce fait d'appartenir à la Communauté.~~

Articles 78 à 86
Abrogés

Article 87
~~Les accords particuliers conclus pour l'application du présent titre sont approuvés par le Parlement de la République et l'assemblée législative intéressée.~~
La République participe au développement de la solidarité et de la coopération entre les États et les peuples ayant le français en partage.

Titre XIII
Des accords d'association

Article 88
La République ~~ou la Communauté peuvent~~ *peut* conclure des accords avec des États qui désirent s'associer à elle pour développer leurs civilisations.

Article 88-1
La République participe à l'Union européenne constituée d'États qui ont choisi librement d'exercer en commun certaines de leurs compétences en vertu du traité sur l'Union européenne et du traité sur le fonctionnement de l'Union européenne, tels qu'ils résultent du traité signé à Lisbonne le 13 décembre 2007.

Article 88-2
La loi fixe les règles relatives au mandat d'arrêt européen en application des actes pris par les institutions de l'Union européenne.

Article 88-3
Sous réserve de réciprocité et selon les modalités prévues par le traité sur l'Union européenne signé le 7 février 1992, le droit de vote et d'éligibilité aux élections municipales peut être accordé aux seuls citoyens de l'Union résidant en France. Ces citoyens ne peuvent exercer les fonctions de maire ou d'adjoint ni participer à la désignation des électeurs sénatoriaux et à l'élection des sénateurs. Une loi organique votée dans les mêmes termes par les deux assemblées détermine les conditions d'application du présent article.

Article 88-4
Le Gouvernement soumet à l'Assemblée nationale et au Sénat, dès leur transmission au Conseil de l'Union européenne, les projets d'actes législatifs européens et les autres projets ou propositions d'actes de l'Union européenne.
Selon des modalités fixées par le règlement de chaque assemblée, des résolutions européennes peuvent être adoptées, le cas échéant en dehors des sessions, sur les projets ou propositions mentionnés au premier alinéa, ainsi que sur tout document émanant d'une institution de l'Union européenne.
Au sein de chaque assemblée parlementaire est instituée une commission chargée des affaires européennes.

Article 88-5
Tout projet de loi autorisant la ratification d'un traité relatif à l'adhésion d'un État à l'Union européenne est soumis au référendum par le Président de la République.
Toutefois, par le vote d'une motion adoptée en termes identiques par chaque assemblée à la majorité des trois cinquièmes, le Parlement peut autoriser l'adoption du projet de loi selon la procédure prévue au troisième alinéa de l'article 89.

Article 88-6
L'Assemblée nationale ou le Sénat peuvent émettre un avis motivé sur la conformité d'un projet d'acte législatif européen au principe de subsidiarité. L'avis est adressé par le président de l'assemblée concernée aux présidents du Parlement européen, du Conseil et de la Commission européenne. Le Gouvernement en est informé.

Chaque assemblée peut former un recours devant la Cour de justice de l'Union européenne contre un acte législatif européen pour violation du principe de subsidiarité. Ce recours est transmis à la Cour de justice de l'Union européenne par le Gouvernement.
À cette fin, des résolutions peuvent être adoptées, le cas échéant en dehors des sessions, selon des modalités d'initiative et de discussion fixées par le règlement de chaque assemblée. À la demande de soixante députés ou de soixante sénateurs, le recours est de droit.

Article 88-7
Par le vote d'une motion adoptée en termes identiques par l'Assemblée nationale et le Sénat, le Parlement peut s'opposer à une modification des règles d'adoption d'actes de l'Union européenne dans les cas prévus, au titre de la révision simplifiée des traités ou de la coopération judiciaire civile, par le traité sur l'Union européenne et le traité sur le fonctionnement de l'Union européenne, tels qu'ils résultent du traité signé à Lisbonne le 13 décembre 2007.

Titre XIV
De la révision

Article 89
L'initiative de la révision de la Constitution appartient concurremment au Président de la République sur proposition du Premier ministre et aux membres du Parlement.
Le projet ou la proposition de révision doit être **examiné dans les conditions de délai fixées au troisième alinéa de l'article 42 et** voté par les deux assemblées en termes identiques. La révision est définitive après avoir été approuvée par référendum.
Toutefois, le projet de révision n'est pas présenté au référendum lorsque le Président de la République décide de le soumettre au Parlement convoqué en Congrès ; dans ce cas, le projet de révision n'est approuvé que s'il réunit la majorité des trois cinquièmes des suffrages exprimés. Le Bureau du Congrès est celui de l'Assemblée nationale.
Aucune procédure de révision ne peut être engagée ou poursuivie lorsqu'il est porté atteinte à l'intégrité du territoire.
La forme républicaine du Gouvernement ne peut faire l'objet d'une révision.

~~**Article 90**~~
~~La session ordinaire du Parlement est suspendue. Le mandat des membres de l'Assemblée Nationale en fonctions viendra à~~

expiration le jour de la réunion de l'Assemblée élue en vertu de la présente Constitution.

Le Gouvernement, jusqu'à cette réunion, a seul autorité pour convoquer le Parlement.

Le mandat des membres de l'Assemblée de l'Union Française viendra à expiration en même temps que le mandat des membres de l'Assemblée Nationale actuellement en fonctions.

Article 91

Les institutions de la République prévues par la présente Constitution seront mises en place dans le délai de quatre mois à compter de sa promulgation.

Ce délai est porté à six mois pour les institutions de la Communauté.

Les pouvoirs du Président de la République en fonction ne viendront à expiration que lors de la proclamation des résultats de l'élection prévue par les articles 6 et 7 de la présente Constitution.

Les États membres de la Communauté participeront à cette première élection dans les conditions découlant de leur statut à la date de la promulgation de la Constitution.

Les autorités établies continueront d'exercer leurs fonctions dans ces États conformément aux lois et règlements applicables au moment de l'entrée en vigueur de la Constitution jusqu'à la mise en place des autorités prévues par leur nouveau régime.

Jusqu'à sa constitution définitive, le Sénat est formé par les membres en fonctions du Conseil de la République. Les lois organiques qui régleront la constitution définitive du Sénat devront intervenir avant le 31 juillet 1959.

Les attributions conférées au Conseil Constitutionnel par les articles 58 et 59 de la Constitution seront exercées jusqu'à la mise en place de ce Conseil, par une commission composée du vice-président du Conseil d'État, président, du Premier Président de la Cour de Cassation et du Premier Président de la Cour des Comptes.

Les peuples des États membres de la Communauté continuent à être représentés au Parlement jusqu'à l'entrée en vigueur des mesures nécessaires à l'application du titre XII.

Article 92

Les mesures législatives nécessaires à la mise en place des institutions et, jusqu'à cette mise en place, au fonctionnement des pouvoirs publics seront prises en Conseil des Ministres, après avis du Conseil d'État, par ordonnances ayant force de loi.

Pendant le délai prévu à l'alinéa 1 er de l'article 91, le gouvernement est autorisé à fixer par ordonnances ayant force de loi et prises en la même forme le régime électoral des assemblées prévues par la Constitution.

Pendant le même délai et dans les mêmes conditions, le Gouvernement pourra également prendre en toutes matières les mesures qu'il jugera nécessaires à la vie de la Nation, à la protection des citoyens ou à la sauvegarde des libertés.

Pendant le même délai et dans les mêmes conditions, le Gouvernement pourra également prendre en toutes matières les mesures qu'il jugera nécessaires à la vie de la Nation, à la protection des citoyens ou à la sauvegarde des libertés.

Déclaration
des droits de l'homme et
du citoyen de 1789

DÉCLARATION DES DROITS DE L'HOMME ET DU CITOYEN DE 1789

Les Représentants du Peuple Français, constitués en Assemblée nationale, considérant que l'ignorance, l'oubli ou le mépris des droits de l'homme sont les seules causes des malheurs publics et de la corruption des Gouvernements, ont résolu d'exposer, dans une Déclaration solennelle, les droits naturels, inaliénables et sacrés de l'homme, afin que cette Déclaration, constamment présente à tous les membres du corps social, leur rappelle sans cesse leurs droits et leurs devoirs ; afin que les actes du pouvoir législatif, et ceux du pouvoir exécutif pouvant être à chaque instant comparés avec le but de toute institution politique, en soient plus respectés ; afin que les réclamations des citoyens, fondées désormais sur des principes simples et incontestables, tournent toujours au maintien de la Constitution, et au bonheur de tous. En conséquence, l'Assemblée nationale reconnaît et déclare, en présence et sous les auspices de l'Être Suprême, les droits suivants de l'homme et du citoyen.

Article premier
Les hommes naissent et demeurent libres et égaux en droits. Les distinctions sociales ne peuvent être fondées que sur l'utilité commune.

Article II
Le but de toute association politique est la conservation des droits naturels et imprescriptibles de l'homme. Ces droits sont la liberté, la propriété, la sûreté et la résistance à l'oppression.

Article III
Le principe de toute Souveraineté réside essentiellement dans la Nation. Nul corps, nul individu ne peut exercer d'autorité qui n'en émane expressément.

Article IV
La liberté consiste à pouvoir faire tout ce qui ne nuit pas à autrui : ainsi l'exercice des droits naturels de chaque homme n'a de bornes que celles qui assurent aux autres Membres de la Société, la jouissance de ces mêmes droits. Ces bornes ne peuvent être déterminées que par la Loi.

Article V

La Loi n'a le droit de défendre que les actions nuisibles à la Société. Tout ce qui n'est pas défendu par la Loi ne peut être empêché, et nul ne peut être contraint à faire ce qu'elle n'ordonne pas.

Article VI

La Loi est l'expression de la volonté générale. Tous les Citoyens ont droit de concourir personnellement, ou par leurs Représentants, à sa formation. Elle doit être la même pour tous, soit qu'elle protège, soit qu'elle punisse. Tous les Citoyens étant égaux à ses yeux, sont également admissibles à toutes dignités, places et emplois publics, selon leur capacité, et sans autre distinction que celle de leurs vertus et de leurs talents.

Article VII

Nul homme ne peut être accusé, arrêté, ni détenu que dans les cas déterminés par la Loi, et selon les formes qu'elle a prescrites. Ceux qui sollicitent, expédient, exécutent ou font exécuter des ordres arbitraires, doivent être punis ; mais tout Citoyen appelé ou saisi en vertu de la Loi doit obéir à l'instant : il se rend coupable par la résistance.

Article VIII

La Loi ne doit établir que des peines strictement et évidemment nécessaires, et nul ne peut être puni qu'en vertu d'une Loi établie et promulguée antérieurement au délit, et légalement appliquée.

Article IX

Tout homme étant présumé innocent jusqu'à ce qu'il ait été déclaré coupable, s'il est jugé indispensable de l'arrêter, toute rigueur qui ne serait pas nécessaire pour s'assurer de sa personne, doit être sévèrement réprimée par la Loi.

Article X

Nul ne doit être inquiété pour ses opinions, même religieuses, pourvu que leur manifestation ne trouble pas l'ordre public établi par la Loi.

Article XI

La libre communication des pensées et des opinions est un des droits les plus précieux de l'homme : tout Citoyen peut donc parler, écrire, imprimer librement, sauf à répondre de l'abus de cette liberté, dans les cas déterminés par la Loi.

Article XII

La garantie des droits de l'homme et du Citoyen nécessite une force publique : cette force est donc instituée pour l'avantage de tous, et non pour l'utilité particulière de ceux auxquels elle est confiée.

Article XIII
Pour l'entretien de la force publique, et pour les dépenses d'administration, une contribution commune est indispensable. Elle doit être également répartie entre tous les Citoyens, en raison de leurs facultés.

Article XIV
Tous les Citoyens ont le droit de constater, par eux-mêmes ou par leurs Représentants, la nécessité de la contribution publique, de la consentir librement, d'en suivre l'emploi et d'en déterminer la quotité, l'assiette, le recouvrement et la durée.

Article XV
La Société a le droit de demander compte à tout Agent public de son administration.

Article XVI
Toute Société dans laquelle la garantie des Droits n'est pas assurée, ni la séparation des Pouvoirs déterminée, n'a point de Constitution.

Article XVII
La propriété étant un droit inviolable et sacré, nul ne peut en être privé, si ce n'est lorsque la nécessité publique, légalement constatée, l'exige évidemment, et sous la condition d'une juste et préalable indemnité.

Déclaration universelle des droits de l'homme

Déclaration universelle des droits de l'homme
adoptée par l'Assemblée générale des Nations Unies, le 10 décembre 1948

Préambule

Considérant que la reconnaissance de la dignité inhérente à tous les membres de la famille humaine et de leurs droits égaux et inaliénables constitue le fondement de la liberté, de la justice et de la paix dans le monde,

Considérant que la méconnaissance et le mépris des droits de l'homme ont conduit à des actes de barbarie qui révoltent la conscience de l'humanité et que l'avènement d'un monde où les êtres humains seront libres de parler et de croire, libérés de la terreur et de la misère, a été proclamé comme la plus haute aspiration de l'homme,

Considérant qu'il est essentiel que les droits de l'homme soient protégés par un régime de droit pour que l'homme ne soit pas contraint, en suprême recours, à la révolte contre la tyrannie et l'oppression,

Considérant qu'il est essentiel d'encourager le développement de relations amicales entre nations,

Considérant que dans la Charte, les peuples des Nations unies ont proclamé à nouveau leur foi dans les droits fondamentaux de l'homme, dans la dignité et le respect de la personne humaine, dans l'égalité des droits des hommes et des femmes et qu'ils se sont déclarés résolus à favoriser le progrès social et à instaurer de meilleures conditions de vie dans une liberté plus grande,

Considérant que les états membres se sont engagés à assurer, en coopération avec l'Organisation des Nations Unies, le respect universel et effectif des droits de l'homme et des libertés fondamentales,

Considérant qu'une conception commune de ces droits et libertés est de la plus haute importance pour remplir pleinement cet engagement,

l'Assemblée générale proclame la présente Déclaration universelle des droits de l'homme comme idéal commun à atteindre par tous les peuples et toutes les nations afin que tous les individus et tous les organes de la société, ayant cette Déclaration constamment à l'esprit, s'efforcent, par l'enseignement et l'éducation, de développer le respect de ces droits et libertés et d'en assurer, par des mesures progressives d'ordre national et international, la reconnaissance et l'application universelles et effectives, tant parmi les populations des États Membres eux-mêmes que parmi celles des territoires placés sous leur juridiction.

Article 1er
Tous les êtres humains naissent libres et égaux en dignité et en droits. Ils sont doués de raison et de conscience et doivent agir les uns envers les autres dans un esprit de fraternité.

Article 2
Chacun peut se prévaloir de tous les droits et de toutes les libertés proclamés dans la présente Déclaration, sans distinction aucune, notamment de race, de couleur, de sexe, de langue, de religion, d'opinion politique ou de toute autre opinion, d'origine nationale ou sociale, de fortune, de naissance ou de toute autre situation.
De plus, il ne sera fait aucune distinction fondée sur le statut politique, juridique ou international du pays ou du territoire dont une personne est ressortissante, que ce pays ou territoire soit indépendant, sous tutelle, non autonome ou soumis à une limitation quelconque de souveraineté.

Article 3
Tout individu a droit à la vie, à la liberté et à la sûreté de sa personne.

Article 4
Nul ne sera tenu en esclavage ni en servitude ; l'esclavage et la traite des esclaves sont interdits sous toutes leurs formes.

Article 5
Nul ne sera soumis à la torture, ni à des peines ou traitements cruels, inhumains ou dégradants.

Article 6
Chacun a le droit à la reconnaissance en tous lieux de sa personnalité juridique.

Article 7
Tous sont égaux devant la loi et ont droit sans distinction à une égale protection de la loi. Tous ont droit à une protection égale contre toute discrimination qui violerait la présente Déclaration et contre toute provocation à une telle discrimination.

Article 8
Toute personne a droit à un recours effectif devant les juridictions nationales compétentes contre les actes violant les droits fondamentaux qui lui sont reconnus par la constitution ou par la loi.

Article 9
Nul ne peut être arbitrairement arrêté, détenu ou exilé.

Article 10
Toute personne a droit, en pleine égalité, à ce que sa cause soit entendue équitablement et publiquement par un tribunal indépendant et impartial, qui décidera soit de ses droits et obligations, soit du bien-fondé de toute accusation en matière pénale dirigée contre elle.

Article 11
Toute personne accusée d'un acte délictueux est présumée innocente jusqu'à ce que sa culpabilité ait été légalement établie au cours d'un procès public où toutes les garanties nécessaires à sa défense lui auront été assurées. Nul ne sera condamné pour des actions ou omissions qui, au moment où elles ont été commises, ne constituaient pas un acte délictueux d'après le droit national ou international. De même, il ne sera infligé aucune peine plus forte que celle qui était applicable au moment où l'acte délictueux a été commis.

Article 12
Nul ne sera l'objet d'immixtions arbitraires dans sa vie privée, sa famille, son domicile ou sa correspondance, ni d'atteintes à son honneur et à sa réputation. Toute personne a droit à la protection de la loi contre de telles immixtions ou de telles atteintes.

Article 13
Toute personne a le droit de circuler librement et de choisir sa résidence à l'intérieur d'un État. Toute personne a le droit de quitter tout pays, y compris le sien, et de revenir dans son pays.

Article 14
Devant la persécution, toute personne a le droit de chercher asile et de bénéficier de l'asile en d'autres pays. Ce droit ne peut être invoqué dans le cas de poursuites réellement fondées sur un crime de droit commun ou sur des agissements contraires aux buts et aux principes des Nations Unies.

Article 15

Tout individu a droit à une nationalité. Nul ne peut être arbitrairement privé de sa nationalité, ni du droit de changer de nationalité.

Article 16

A partir de l'âge nubile, l'homme et la femme, sans aucune restriction quant à la race, la nationalité ou la religion, ont le droit de se marier et de fonder une famille. Ils ont des droits égaux au regard du mariage, durant le mariage et lors de sa dissolution. Le mariage ne peut être conclu qu'avec le libre et plein consentement des futurs époux. La famille est l'élément naturel et fondamental de la société et a droit à la protection de la société et de l'État.

Article 17

Toute personne, aussi bien seule qu'en collectivité, a droit à la propriété. Nul ne peut être arbitrairement privé de sa propriété.

Article 18

Toute personne a droit à la liberté de pensée, de conscience et de religion ; ce droit implique la liberté de changer de religion ou de conviction ainsi que la liberté de manifester sa religion ou sa conviction seule ou en commun, tant en public qu'en privé, par l'enseignement, les pratiques, le culte et l'accomplissement des rites.

Article 19

Tout individu a droit à la liberté d'opinion et d'expression, ce qui implique le droit de ne pas être inquiété pour ses opinions et celui de chercher, de recevoir et de répandre, sans considération de frontières, les informations et les idées par quelque moyen d'expression que ce soit.

Article 20

Toute personne a droit à la liberté de réunion et d'association pacifiques. Nul ne peut être obligé de faire partie d'une association.

Article 21

Toute personne a le droit de prendre part à la direction des affaires publiques de son pays, soit directement, soit par l'intermédiaire de représentants librement choisis. Toute personne a droit à accéder, dans des conditions d'égalité, aux fonctions publiques de son pays. La volonté du peuple est le fondement de l'autorité des pouvoirs publics ; cette volonté doit s'exprimer par des élections honnêtes qui doivent avoir lieu périodiquement, au suffrage universel égal et au vote secret ou suivant une procédure équivalente assurant la liberté du vote.

Article 22

Toute personne, en tant que membre de la société, a droit à la sécurité sociale ; elle est fondée à obtenir la satisfaction des droits économiques, sociaux et culturels indispensables à sa dignité et au libre développement de sa personnalité, grâce à l'effort national et à la coopération internationale, compte tenu de l'organisation et des ressources de chaque pays.

Article 23

Toute personne a droit au travail, au libre choix de son travail, à des conditions équitables et satisfaisantes de travail et à la protection contre le chômage. Tous ont droit, sans aucune discrimination, à un salaire égal pour un travail égal. Quiconque travaille a droit à une rémunération équitable et satisfaisante lui assurant ainsi qu'à sa famille une existence conforme à la dignité humaine et complétée, s'il y a lieu, par tous autres moyens de protection sociale. Toute personne a le droit de fonder avec d'autres des syndicats et de s'affilier à des syndicats pour la défense de ses intérêts.

Article 24

Toute personne a droit au repos et aux loisirs et notamment à une limitation raisonnable de la durée du travail et à des congés payés périodiques.

Article 25

Toute personne a droit à un niveau de vie suffisant pour assurer sa santé, son bien-être et ceux de sa famille, notamment pour l'alimentation, l'habillement, le logement, les soins médicaux ainsi que pour les services sociaux nécessaires ; elle a droit à la sécurité en cas de chômage, de maladie, d'invalidité, de veuvage, de vieillesse ou dans les autres cas de perte de ses moyens de subsistance par suite de circonstances indépendantes de sa volonté.
La maternité et l'enfance ont droit à une aide et à une assistance spéciales. Tous les enfants, qu'ils soient nés dans le mariage ou hors mariage, jouissent de la même protection sociale.

Article 26

Toute personne a droit à l'éducation. L'éducation doit être gratuite, au moins en ce qui concerne l'enseignement élémentaire et fondamental. L'enseignement élémentaire est obligatoire. L'enseignement technique et professionnel doit être généralisé ; l'accès aux études supérieures doit être ouvert en pleine égalité à tous en fonction de leur mérite. L'éducation doit viser au plein épanouissement de la personnalité humaine et au renforcement du respect des droits de l'homme et des libertés fondamentales. Elle doit favoriser la compréhension, la tolérance et l'amitié entre toutes les nations et tous les groupes raciaux ou religieux, ainsi que le développement des activités des Nations Unies pour le maintien de la paix. Les parents ont, par priorité, le droit de choisir le genre d'éducation à donner à leurs enfants.

Article 27

Toute personne a le droit de prendre part librement à la vie culturelle de la communauté, de jouir des arts et de participer au progrès scientifique et aux bienfaits qui en résultent.
Chacun a droit à la protection des intérêts moraux et matériels découlant de toute production scientifique, littéraire ou artistique dont il est l'auteur.

Article 28

Toute personne a droit à ce que règne, sur le plan social et sur le plan international, un ordre tel que les droits et libertés énoncés dans la présente Déclaration puissent y trouver plein effet.

Article 29

L'individu a des devoirs envers la communauté dans laquelle seul le libre et plein développement de sa personnalité est possible.
Dans l'exercice de ses droits et dans la jouissance de ses libertés, chacun n'est soumis qu'aux limitations établies par la loi exclusivement en vue d'assurer la reconnaissance et le respect des droits et libertés d'autrui et afin de satisfaire aux justes exigences de la morale, de l'ordre public et du bien-être général dans une société démocratique.
Les droits et libertés ne pourront, en aucun cas, s'exercer contrairement aux buts et aux principes des Nations Unies.

Article 30

Aucune disposition de la présente Déclaration ne peut être interprétée comme impliquant pour un État, un groupement ou un individu un droit quelconque de se livrer à une activité ou d'accomplir un acte visant à la destruction des droits et libertés qui y sont énoncés.

TABLE DES MATIERES

www.ingramcontent.com/pod-product-compliance
Lightning Source LLC
Chambersburg PA
CBHW051751250726
48659CB00001B/349